すごい！
お金持ちチェンジ

森瀬繁智
Morise Shigetomo

KADOKAWA

すごい！お金持ちチェンジ

はじめに

この本ではじめましての方、森瀬繁智です。

みんなからは、モゲさんと呼ばれています。


「倒れるほど働いているのに、ちっともお金持ちになれない」

「たくさんのお金と時間をかけて勉強してきたのに、成功できない」

「引き寄せの法則を学んだのに、未だに幸せになれない」

恥ずかしながら、かつてはド貧乏で借金まみれだった、当時の僕がこういう状態でした（笑）。

そんな僕が**「幸せな億万長者」と呼ばれるようになった今、わかること**があります。

この世の中には絶対的な〝理《ことわり》〟というか、〝宇宙の決まり事〟のようなものがあります。

言い換えれば、この世に存在するものはすべて、〝一定の法則〟や〝性質〟を持っているのです。

音や光といった自然現象にもそうしたものがあり、それを応用することで私たちは、テレビや電話といった便利な道具を発明することができました。

それと同じで、**「お金持ちになる」とか「幸せになる」といった現象にも一定の法則があり、それを応用することで誰でも「お金持ちになる」ことも「幸せになる」こともできるのです。**

実際、ものすごい借金を抱えていた〝ド〟がつくほどの貧乏だった僕が今では軽く年間で億を稼げるようになったのもそのおかげです。

それも月の半分は仕事から離れて家族と幸せに過ごし、あとの半分も1日2〜4時間、シャンパン片手に楽しく仕事をしています。

さらには、僕のクライアントさんたちにもそのことを伝えて実践してもらったら、こんなことが起こりました。

・楽しくラクに仕事をするのが当たり前になり、最高月商1000万円、年商3000万円に！　2児の母ながら、3ヶ月に一度は海外を旅するお金と時間と精神的な自由を手に入れた

・2歳児の子育て中に半年で売上1500万円達成！　福岡と東京のデュアルライフを実現

・月商が800万円に！　3人の子どもを育てながら、世界中を飛び回れるようになった

・起業を諦めてパートに戻ろうかと思っていた主婦が、2ヶ月で月商300万円を達成し、さらに半年で500万円達成！

・借金だらけの貧乏生活から、月商100万円を維持できるようになり、イギリスに念願の家を購入することもできた

これ以外にも、「パートナーの収入が2倍になった」とか、「1000万円の臨時収入があった」「ギクシャクしていた夫婦関係が、お互いのことを心から尊敬できるようになり、ラブラブになった」「ステキなパートナーを見つけることができた」など、多くの方が自らの手で、幸運や成功をつ

かみ取られています。

本書では、借金まみれだった僕が「幸せな億万長者」と呼ばれるまでになった「成功法則」を、4つの項目に分けて書いてみました。

人間はなかなか、自分の性質を変えることができません。

でも、使う言葉を変えれば思考が変わります。

思考が変われば、行動が変わります。

行動が変われば、習慣が変わります。

習慣が変われば性質が変わり、人生が、そして未来が変わるのです。

この本を手にした瞬間から、あなたの変化は始まっています。

ようこそ、幸せな億万長者の世界へ！

森瀬繁智（モゲ）

第4章　本当に幸せなお金持ちになる習慣　167

第１章

幸せな
お金持ちになる
言葉のチェンジ

〈貧と金の言葉の違い①〉

アドバイスを受けたあと、
貧は「がんばります！」
と言い、
金は「○○（具体的な行動）をやります！」
と言う

今までいろいろな方のコンサルタントをさせていただき、多くの方に**楽しく年商2000万円以上を稼ぐ成幸者**（経済的な成功だけではなく、精神的にも幸せな成功者のことを、僕はこう呼んでいます）になってもらいました。

しかし残念なことに、同じことをコンサルしても、**「うまくいく人」**と**「うまくいかない人」に分かれてしまいます。**

では、両者にはどんな違いがあるのか。

「うまくいかない人」はコンサルの最後にたいてい、こう言います。

「がんばります！」

僕はそう言う人には必ず、こうツッコんでしまいます。

「〝何を〟がんばるの？」

うまくいかない人は自分の中でやることが明確化されておらず、わかっていないので**とりあえず「がんばります！」と、〝努力〟や〝夢〟に逃げてしまう**のです。
残念ながら、僕は今まで「がんばります！」と言って、成功した人を見たことがありません。

「努力は必ず報われる」とは言いますが、「報われない努力」だってあります。
なぜなら、間違った努力は絶対に成功には結びつかないからです。
水泳が上手になりたいのに、野球ばかりやっていたら絶対にうまくいきません。
それと同じです。

僕のコンサルを受けて年商２０００万円以上を稼げるようになる人は、

「〇〇（具体的な行動）を今日からやります」

と、ハッキリ宣言できる人です。

これなら本人も何をやるか**明確**になっているし、**自分自身との約束**にもなります。
そしてそれを聞いた人が、その前にやったほうがいいことや注意点もアドバイスすることができるので、成功へ向かうスピードが圧倒的に速いのです。

【幸せなお金持ちになる言葉①】

成果を出すためには
「努力」や「夢」という言葉に逃げないで、
自分や相手に具体的な行動を言葉にして示す

〈㊜と㊎の言葉の違い②〉

㊜は現状をただ愚痴り
㊎は現状を変えるために、
自分の行動を見直そうとする

僕のクライアントさんには、月収100万円を超える方はたくさんいますが、ほとんどの方は最初から、それだけ稼げたわけではありません。

月収30万円からの人もいたし、月収10万円からの人もいました。

さらには、月収0円や、マイナスの方もいました。


そんな人たちが、どうやって月収100万円を超えるようになったか。

そこには〝ある共通点〟があります。


簡単に言ってしまえば、**月収100万円を稼げない人とは、「月収100万円が似合わない人」なんです。**


人って基本的に、自分に似合わないことは起きません。

では、「月収100万円が似合わない人」ってどんな人か。

それは、**「めっちゃ愚痴っている人」**（笑）。

今までたくさんのクライアントさんの成長や成功を見てきましたが、成功する人は、自分の月収が低かったり、仕事がうまくいっていなかったりしても愚痴りはしません。

愚痴るということは周りを責めたり、自分を責めたりするということです。

人は誰かを恨んだままでは幸せになれないのと同じで、何かに対して愚痴っている限り、成長・成功できないのです。

では、月収１００万円稼げるようになった人は、うまくいかないときはどうしていたのでしょうか。

彼らは周りの誰かや自分を責めるのではなく、**自分の行動を見直した**だけ。

メンターに言われたことをやっただけ。

そして、何回失敗しても、何度も立ち上がっただけ。

周りや自分を責めても時間の無駄で、何一つメリットがないことを知っているのです。
もちろん、落ち込むことはあります。
でも、その落ち込んでいる時間も、圧倒的に短いのです（いちばん短い人で2秒！　笑）。

【幸せなお金持ちになる言葉②】

愚痴は不幸を呼ぶ言葉。
幸せなお金持ちに似合うのは
相手も自分も楽しく、幸せになる言葉

〈㊎と㊎の言葉の違い③〉

㊎は、自らを不幸にする言葉を使い

㊎は、自らを幸せにする言葉を使う

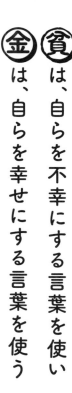

「自分は運が悪い」とか、「自分にはお金がない」と言っている人がいます。

中には、自分の不幸自慢をしている人もいます。

これって、今すぐやめたほうがいいですよ。

なぜなら、「運が良くない」「お金がない」と言っている人が、その後、運が良くなったりお金持ちになったりしたところを、僕は見たことがありません。

それに、**その言葉をいつもいちばん近くで聞いているのは自分**です。

つまり、自分で「運が良くない」「お金がない」と決めているようなもの。自分の将来を、自分自身で不幸に決めてしまっているのです。

普段から使う言葉で、人間は作られていきます。

だから、言葉には細心の注意を払う必要があるのです。


運を良くするためには、「自分は運がいい」ことに気づけばいいのです。

お金持ちになるのでも、「すでに自分は恵まれている」と気づけばいい。

でもそう言うと、納得いかない人がほとんどです。

そういう人には、僕はこう言います。

「あなたは〝運が悪い〟とか〝お金がない〟とか言っているけれど、それなら、生まれてから今まで、どうやってご飯を食べてこられたんですか？」

「何もできない、生まれたばかりの赤ちゃんのあなたは、ここまでどうやって生きてこられたんですか？」

「あなたのおむつを毎日何回も替えてくれたのは？」

「あなたに毎日、ご飯を食べさせてくれたのは？」

「あなたが病気のときに、誰よりも心配してくれたのは？」


あなたがどう思おうと、**あなたがここまで生きてこられたのは、周りにあなたの幸せを願ってくれた人が、絶対にいたから**です。

そんな人たちのためにも、勝手に自分を不幸にしないでね。

あなたをいつも幸せにしようと思っている人が悲しむから。


自分を不幸にする人って、いつも難しい顔をしているけれど、人生ってそんなに難しくないよ。

まず、自分も周りも喜ぶことをしたら、絶対に幸せになれるから。

もし、それが信じられないのなら、今日から自分も周りも喜ぶことをやってみて。

試してみたら驚くほど、人生が好転するから。

人生は、先に自分の行動を変えることが大事！ 自動販売機でさえ、先にお金を入れないとジュースは出てこないからね（笑）。


【幸せなお金持ちになる言葉③】

**人生ってそんなに難しくない。
使う言葉を変えれば、
起きる現象を簡単に変えることができる**

〈㊡と㊎の言葉の違い④〉

㊡は「どうすれば稼げるようになれるのか？」と自分に問い

㊎は「どうすれば楽しくラクに稼げて、みんなにも喜んでもらえるのか？」と自分に問う

おかげさまで僕は今でこそ、周りの皆さんから「いつも楽しそう」「毎日、幸せね♪」と言われながら仕事をさせてもらっていますが、以前はなかなかうまくいかず、過労で倒れてしまい、仕事ができなくなったときもありました。

今、「なぜあのとき、うまくいかなかったんだろう?」と振り返ってみると、いろいろとわかる理由があるのですが、その中でもいちばん重要なのがこれです。

「自分に対する質問の言葉を間違えていた」

会社を辞めて自分の事業を立ち上げたばかりのときの質問は、今思えば恥ずかしいですけれど、こればかり考えていました。

「どうすれば稼げるようになれるのか?」

そうすると、人間の脳は優秀かつ単純なので、稼げる方法を検索エンジンのように探してくれます。

ただここで問題なのは、「稼げるかもしれないけれど、倒れるような労力を強いられる稼ぎ方も検索してしまう」ということです。

その結果、僕は確かに稼げるようにはなりましたが、仕事のやりすぎで倒れてしまいました。

そこで僕は、自分に対する質問の言葉をこう変えたのです。

「どうすれば楽しくラクに稼げて、みんなにも喜んでもらえるのか？」

多くの人はなかなか、自分にこの質問をすることができません。

その原因は、

「楽しいことばかりしていてはダメになる」

「ラクな仕事は儲からない」

「ラクして稼げる仕事には裏がある」

といった、**世間の間違った刷り込み**があるからです。

中には「みんなに喜んでもらうためには自己犠牲が必要だ」といった、間違った認識というか、価値観を持った人もいます。

そもそも、**「自分には稼ぐ力がある」という、自分の力を信じること**ができないとこの質問ができないのです。

【幸せなお金持ちになる言葉④】

今の自分を変えたいときは、自分に問う言葉を変えてみる

〈㊞と㊎の言葉の違い⑤〉

貧は「ラクして儲ける」ことを
「悪いこと」だと思い
金は「ラクして儲ける」ことを
「当たり前」だと思う

どんな言葉を使うかも大事ですが、そもそも論で、言葉の定義や意味が間違っているとうまくいきません。

たとえば、「ラクして儲ける」という言葉に対して、多くの人はマイナスなイメージを持っています。

「ラクして儲かるわけがない」とか「ラクして儲けている人は、何か違法なことや、法律スレスレのやばいことをしているに決まっている」とか。

こういう人たちは「ラクして儲ける」ことを「何もしないで、寝ているだけでお金がもらえる」ことだと思っています。

でも**「ラクして儲ける」というのは、「自分の才能を活かして儲ける」ということ**なのです。

才能の見つけ方は簡単です。

たとえば、子どもの頃からよく叱られていたことを思い出してみてください。

叱られてでもやりたいことは、楽しくラクにやれることですよね。

僕の場合はしゃべることと、本を読むこと。

だから、それを活かして楽しくラクに稼ぐことができています。

それでも「私は何も才能がないから儲けられない」と言う人がいるかもしれませんが、**才能がない人なんていません。**

たとえば、この本が読めるということは、あなたは日本語が使えるはずです。

「日本語が使える」というのは立派な才能で、海外に行けば、それだけで仕事ができるところもあります。

「でも、私は日本語しか使えない」と思うかもしれませんが、実際に、海外で日本人向けのサービスを行っている会社の中には、日本語しか話せない人の採用をしているところもあります。

今の自分が当たり前にできるけれど、それができなくて欲しがっている人のところに行けば、ラクに儲けることができます。

水泳が得意な人は、水泳が上手になりたい人。

メイクが得意な人は、メイクが苦手な人。

ダイエットが得意な人は、ダイエットが続かず苦しんでいる人。
そういう人を探していくと、**あなたは感謝されながらどんどんラクに稼げるようになる**のです。

【幸せなお金持ちになる言葉⑤】

**ポジティブな言葉も大事だが、
言葉そのものを
ポジティブにとらえることも必要**

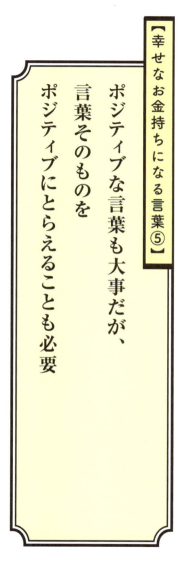

〈貧と金の言葉の違い⑥〉

貧は、嫉妬心から
自分が劣っていることを嘆き
金は、嫉妬心から
自分の可能性に気づく

自分の可能性に、簡単に気づける言葉があります。

それは**〝嫉妬〟**。

あなたはサッカーの本田圭佑《ほんだけいすけ》選手に嫉妬しますか？

あなたは画家のピカソに嫉妬しますか？

あなたは億万長者のビル・ゲイツに嫉妬しますか？

人は自分に関係のないことや、自分には到底敵わない人に対して嫉妬することはありません。

自分にもそうなる可能性があるからこそ、嫉妬するのです。

だから、もし誰かに対して嫉妬心が芽生えたら、その相手をうらやんだり、自分が劣っていると思ったりして卑下するのではなく、**「自分もそうなれるんだ」ということに気づきましょう。**

きっと本田圭佑選手も、ピカソも、ビル・ゲイツも、まだ自分の才能が開花していないときに、一流の選手や画家、事業家に嫉妬して、その嫉妬心をバネに自分の才能を磨いていったに違いありません。

それに**嫉妬心は、自分の内面を知るキッカケ**にもなります。

たとえば、パートナーの異性関係がすごく気になったり、少しでも異性と仲良くしているのを知ったりすると、ものすごく嫉妬する人がいます。

これは、自分の中にも〝浮気心〟があったり、「自分もパートナー以外の異性と仲良くしたい」という願望があったりするから、それが嫉妬となって表れるのです。

嫉妬心に限らず、怒りや悲しみといった**マイナスな感情も、すべてプラスに変えることが**できます。

大切なのは、そうした感情をマイナスのまま、相手を攻撃するための武器に使うのではなく、**自分の気づきを得るためのプラスの道具に変えること**です。

劣等感や挫折感も、それをバネにすれば、あなたの限りない可能性を開花させる言葉に変えることができるのです。

【幸せなお金持ちになる言葉⑥】

上を目指す人にとって、「嫉妬心」と「向上心」は同じ意味の言葉だ

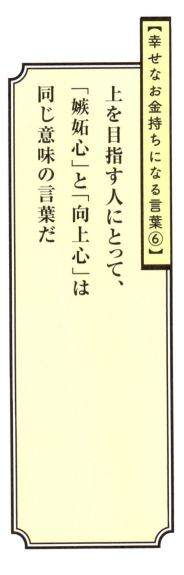

〈貧と金の言葉の違い⑦〉

仕事に対して、
貧は「がんばったらお金がもらえる修行」
だと思い
金は「正解したらお金がもらえるゲーム」
だと思う

「どんな言葉を使うか」はもちろん大事だけれど、

「言葉をどう定義するか」はもっと大事。

たとえば〝仕事〟という言葉に対して、

「がんばったらお金がもらえる修行」

というイメージを持っていたら、

「仕事はがんばらないといけない」

「仕事は修行＝苦しいもの」

ということになり、

「がんばる、苦しい」から抜けられなくなってしまいます。

でも**仕事を、**

「正解したらお金がもらえる楽しいゲーム」

だと思えば、飽きずに続けることができるのです。


実際、**仕事はこの世でいちばんすごいゲーム**です。

だって、「商い」って言うぐらいだから飽きないし（笑）、人も自分も喜ばせることができます。

世界一の大金持ちでさえ、飽きずに仕事をしているぐらいだから、仕事ほどおもしろいものはこの世にないと言っていいぐらいなのです。

正解したら代金や報酬といった形で**ご褒美**までもらえて、飽きもこなくて、たくさんの人を喜ばせることができ、やればやるほど学べるという、こんなに楽しい仕事のことを嫌がる人は多いです。

そういうふうに仕事を嫌がる人が多ければ多いほど、仕事が好きな人は正解したときの**ご褒美**が大きくなるので、さらに仕事がおもしろくなるのです。

それに、もらった**ご褒美＝お金**で世の中に貢献することもできます。

でも不思議なことに、そのお金のことを口にするだけで批判されることがあります。

「私はEXILEが好き！」とか「僕はサッカーが好き！」と言うのは良くても、「私はお金が好き！」と言うと変な顔をされます。

そして、変な顔をする人ほど、お金を持っていません（笑）。

実際、**お金の本質を理解し大切にしている人のもとには、必ずお金は集まってきます。**

人が、嫌っている人よりも、大切にしてくれる人のほうに集まるのと一緒です。

【幸せなお金持ちになる言葉⑦】

仕事を苦しい修行にするのか、
楽しいゲームにするのかは、
いつも自分次第

〈貧と金の言葉の違い⑧〉

不満があると、

貧は、ただ文句を言ったり

愚痴ったりするだけで

金は、その不満のもとを変えようとする

美容整形自体がいいかどうかという話は置いておいて、もし、自分の顔のことで悩んだり、苦しんだりしているのだとしたら、

顔を変えてもいいんじゃないのかな

と僕は思っています。

自然体でいて苦しんでいるより、望みどおりに変えて幸せになったほうが人生おもしろい、と。

病気で苦しんでいると「病院に行きな」って言うのに、ルックスや人生で苦しんでいる人には「がんばれ」って言うだけっておかしいですよね。

世間では「整形するのはダメ」でも、「歯並びを直すのはOK」っていう風潮があるのを、僕は不思議に思うんです。

「頭が悪い」と思っているのなら勉強すればいい。

「お金がない」のであれば仕事をすればいい。

「お金が足りない」のであれば支出を減らすか、もっと稼げばいい。

そんな簡単なこともしようともせずに、ただ愚痴や悪口を言っているだけでは、人生は絶対にうまくいきません。

人になんて言われようが、あなたの人生なんだから、好きなようにやったほうがいい。

あなたが幸せになれる方法も、あなたが豊かになれる方法も、世の中にはまだまだたくさんあるのです。

ただ、何もしないと何も変わりません。

当たり前ですけれど（笑）。

とにかく、愚痴を言っているだけでは、あなたの人生が良くならないのは確かなこと。

愚痴を、あなたも周りも喜ぶ言葉に変えるだけで、絶対に何かが変わります。

やることにリスクがないのなら、とりあえずやってみる。
そうすれば、やったぶんだけ、必ず何かが変わります。

【幸せなお金持ちになる言葉⑧】

変えないで苦しむより、
変えて人生を楽しんだほうが
絶対にいい！

〈貧と金の言葉の違い⑨〉

貧は、自分のわがままを通そうとし

金は、自分らしく生きようとする

多くの人が間違ったり、勘違いしたりする言葉。

「わがまま」

と

「自分らしく生きる」。

この二つの言葉は、同じことを意味するようで、まったく違います。

わかりやすい喩《たと》えで言うと、あなたが無人島にいたとします。すると、

「自分らしく生きる」ことはできても、
「わがまま」には生きられない。

だって、無人島には自分一人しかいないのですから、何をやっても、それは「わがまま」にはならないんですよね（笑）。

無人島にいない限り、人は必ず誰かの助けを得て生きています。

どんなにお金持ちだって、自分一人で家を建て、食べるものを育てて調理し、服の原材料作りから縫製までを誰の手も借りずにすることは不可能です。

原始時代ならばそれも可能だったのかもしれませんが、今の世の中で誰の世話にもならずに生きていくのは、至難の技です。

何かをしようとすれば、それは必ず誰かとの関わりを持ちます。

だから、**何かをしようとするときに、それは、**

「わがまま」かな？

「自分らしく生きる」かな？

ということを考えるようにすれば、結果も大きく変わってきます。

幸せに成功するためには「自分らしく生きる」。

多くの人が「わがままを言ってはいけません」と言われて育てられ、「自分らしく生きる」ことは「わがまま」だと刷り込まれてきました。

特に、日本社会は協調性を重視するため、なかなか自分らしく生きにくい環境だと言えます。

でもだからこそ、**「自分らしく生きて成功する」人が必要**なのです。

そんな人が増えて、日本社会がますます「自分らしく生きる」ことが当たり前の社会になれば、もっと幸せな成功者が増えることでしょう。

だから、安心して自分らしく生きてください。

自分らしく生きた人で、不幸になった人なんていませんから（笑）。

【幸せなお金持ちになる言葉⑨】

他人に対しての思いやりや優しい気持ちがあれば、自分らしく生きても人に好かれる

相手の言葉を、
㊝は、自己否定の道具に使い
㊎は、自分を高めるエネルギーに変える

いろいろな方から相談を受けていると、たまに、

「この人は、本当はどうしたいんだろう？」

という方がいます。たとえば、

「私、褒められて伸びるタイプなんですよ」

と言われたので褒めてみると、

「そんなことないですよ」

と、あっさり否定される（笑）。はたまた、「私、自分のことが嫌いなんです」

と言うので、

「じゃあ、そんなに自分のことをかわいがらずに、どんどんチャレンジして、失敗してもいいじゃないですか」

と言うと、チャレンジせずに守りに入って、自分のことを過保護にしてかわいがる。こういう方には、

「結局、自分のこと大好きやないかい！」

とツッコミたくなります（笑）。

人は誰でも、自分のことを他人から否定されたくないし、認めてもらいたいと思っています。

それなのに、今の自分も認めたくないのだとすると、そこに大きな矛盾が生じて、先ほどのようなことになってしまうのです。

でもこれこそが、**「幸せな成功者」になるための【カギ】**になります。

「人は他人から否定されたくない。人に認められたい」ということをうまく活用すれば、誰でも簡単に「幸せな成功者」になることができるのです。

まず、**自分のことを認めて、褒める。**

自分のことを褒めていると、そのぶんだけセルフイメージが上がって、自分で自分のエネルギーを高めることができます。

それができれば、相手からどんな言葉を投げかけられても自分のエネルギーを減らす（傷つく）ことがなくなり、逆に、**相手の言葉をプラスに変える**ことだってできます。

次に、**相手のことを認めて、褒める。**

人は、認めてくれた人のことを大切にします。少なくとも、攻撃するようなことはありません。

ということは、あなたが周りの人のことを認めて褒めていれば、あなたの周りから敵はいなくなり、味方や良き協力者ばかりになります。

そうなればもう、成功しないほうが難しいですよね。

【幸せなお金持ちになる言葉⑩】

いつも、自分を認めて、褒める。
いつも、相手を認めて、褒める

すごい！お金持ちMOGEコラム①

僕を変えた言葉

「はじめに」でも少し触れましたが、僕は月の半分は東京都内にある高級ホテルに宿泊し、個人セッションやセミナーはラグジュアリーな空間で開催させてもらっています。

セミナー会場は東京だけではなく、ハワイやバリ、シンガポールやドバイなどで開催することもあり、年間の旅費だけでも2000万円は超えます。

実際に仕事として働いているのは2～4時間程度で、その時間もずっとシャンパンを片手に、楽しく仕事をしています。

残りの半分は地元の長崎県にいて、奥さんや子どもたちとの時間を優先し、残りの時間は本を読んだり、自分の好きなことをして過ごしています。


今でこそ、時間にもお金にも人にも恵まれた環境で生活をしていますが、最初から裕福だったわけではありません。

社会人になったときの初任給は13万円。

仕事は真面目に一生懸命取り組みましたが、人間関係がうまくいかず、半年で会社が運営している3つのお店から追い出されて、オーナーからは「ここで追い出されたら、次はないよ」と言われてしまいます。

そんな僕を救ってくれたのは〝本〟でした。

そのときは本を買うお金さえなかったので、図書館で借りていました。

図書館へ行くたびに、貸出限度いっぱいの10冊を借り、いつも返却期限までに必ず返しに来てまた10冊借りていくので、図書館の係の方とはすごく仲良くなったのです。

さらには、借りたい本のリクエストまで聞いてくれて、僕は実質タダでたくさんの本を読み、多くの学びを得ることができました。

そのおかげで会社では全店舗を任される統括店長になることができました、その後も様々な問題が起きましたが、その都度、本から学んだことや、多くの言葉に支えられ、今の成功へとつなげることができたのです。

それともう一つ、僕を支えてくれたものがあります。

それは、奥さんからの言葉です。

僕は仕事に行き詰まりを感じ、どうすればいいか迷っていました。

お金がなければ、世界でいちばん大事な奥さんを幸せにできない。

しかし、僕はやっぱり人に喜ばれて、僕自身も喜べるような仕事をしたい。

そこで、思い切って、奥さんに告白しました。

「僕はワライフ（自分の人生の誤解に気づき、肩の荷がすーっと下りることで、心の底から楽しい笑顔の日常になる）的な生き方でビジネスをしたい！

もし、それで生活が苦しくなったら、アルバイトでもなんでもするから、挑戦させてもらえないだろうか」

そこで奥さんが言った言葉を、僕は今でも忘れません。

「あなたは、自分が楽しいと思ったことをやればいいよ。

お金は私が稼ぐし、どうにかなるよ」

その言葉を聞いたとき、僕は嬉しくて涙が出ました。

そして、その言葉から**〝僕の幸せな億万長者への快進撃〟**が始まったのです。

私を変えたモゲさんの言葉

N・Sさん
（パートナーシップコンサルタント）

モゲさんとの出会いは、忘れもしない、2016年1月のことでした。

私はその3ヶ月前に会社を退職し、起業したコンサルの仕事ですぐに月商100万円を達成でき、順調なスタートを切ってはいたものの、徐々にお客様からのお申し込みが減り始めていた頃で、「継続してビジネスを発展させる」ことに行き詰まりを感じていました。

日々のセッションや情報発信、加えて当時4歳と2歳の幼子の子育てに忙殺される中、将来への不安は日に日に膨らみ、「好きなことを、好きなときに、好きな場所で、好きなだけ」という夢の働き方を叶えたはずなのに、それを楽しむ余裕も自信も、完全に失っていました。

しかし周囲に大見得を切って脱サラ起業をしていたこともあり、その不安や焦りにフタをして、〝すべて順調な売れっ子起業家〟という仮面をかぶり、涼しげな顔をして、モゲさんのセミナーに参加したのでした。

しかしモゲさんは初対面の開口一番、私にこう言ったのです。

「闇が多い。今日（の参加者）の中でいちばん暗い」

そう一蹴され、アッサリと仮面を剝《は》がされてしまいました。

その日の最後に、私は訝《いぶか》しく思いながらも（笑）「この人なら私を必要な方向に導いてくれるかも」と思い、モゲさんの個別セッションを申し込みました。

初めての個別セッションで言われ、思わず泣き崩れた、今でも忘れられないモゲさんの言葉。

「Sちゃんは、『お金を稼ぎ続けなくてはいけない』って思っているでしょ？

でも、今のSちゃんはラッキーなことに、お金を稼がなくても生きていけるじゃん?

だから、『お金を稼いでも、稼がなくても、どっちでもいい』って思えばいい。

それで、自分が楽しい! とか、喜びがあることだけ、やればいいんだよ」

その言葉で、肩の力がすっと抜けた私は、ボロボロ泣きました。

それまで「毎月100万円稼がなくては」と躍起になって一人で苦しんでいたのですが、私が「100万円稼がなくて困る人」は、誰一人としていなかったのです。

不思議なことに、

「稼いでも、稼がなくても、どっちでもいい」

と思えたとたんに、仕事量は減ったのに収入は倍増!

それまでは苦しんで、やっと月商100万円だったのに、モゲさんと出会って2ヶ月後には、気づけば月商200万円を楽しくラクに生み出せるようになり、さらに最高月商1000万円、年商3000万円を達成することができました。

モゲさんの言葉で、今もっとも印象に残っている言葉をご紹介します。

「僕は、僕がお金をもらえばもらうほど、幸せな人が増えると思っている。だから僕は、躊躇なくどんどんお金をもらうんだよ」

私もそうでしたが、一般的には、

「自分がお金をもらう＝相手のお金が減る」

というところにフォーカスしがちです。

だからお金をもらうことに罪悪感を抱いたり、必要以上に与えすぎてしまったりします。でも、モゲさんは違いました。

「自分がお金をもらう＝相手は喜びを受け取る」

というところにフォーカスしているのです。

だから、「目の前の相手が喜ぶこと」に関しては手を抜かないし、そのためには努力も惜しまないし、プロ意識が半端ない。

このことを、私は今でもすごく大事にしています。

・私がお金を受け取れば、その相手が幸せになる
・相手の喜びのため、自分が喜んでできることを全力でする

第２章

幸せな
お金持ちになる
思考のチェンジ

〈㊔と㊎の思考の違い①〉

㊔は、お金よりも愛を大切にし

㊎は、愛のためにお金を稼ぐ

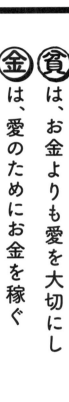

テレビや雑誌のインタビューなどで、タレントや歌手など有名人がよく、このような発言をしているのを見かけます。

「お金より愛だよね」

この言葉に、決して騙されてはいけません。

彼らはイメージのために表立ってお金の話はしませんが、裏ではガッツリとギャラの交渉をしています（笑）。

「お金よりも愛だよね」なんて、そんなケチくさいことは言わないで、お金も愛も存分に手に入れればいいのです。

それに、お金って愛を維持させるためにも必要なもの。

どんなに愛し合って結婚しても、お金がなかったら生活できないし、我慢していると必ずイライラしたり、ちょっとしたことでケンカになったりして、たいていは3年くらいしかもたなかったりします。

そもそも、「お金と愛」って比べるようなものではありません。

それって「食事より睡眠だよね」とか「手より足だよね」と言っているのと同じです。


お金も愛も、生きていくうえでとっても大事なもの。

それにこの世の中は、「愛」と「お金」を通して様々な学びを得られるようになっているのです。

お金の話になると、中には、

「悪いことをしてでも、お金を稼いだほうがいいんですか？」

とか、

「お金持ちは悪いことをしているから、お金持ちになったんですよね？」

などと言う人がたまにいます。

でもそれって、「ビジネス」ではなく「犯罪」です。

確かに、違法なことをしてお金を儲けた人もいるかもしれないけれど、そんなことは決して長く続かないし、悪いことをして儲けたら、必ず悪因が残ります。

つまり、「原因と結果の法則」がはたらいて、悪い原因はいずれ、悪い結果へとつながっていくのです。

悪いことなんかしなくても、あなたの中の愛を発揮すれば、必ずお金が儲かるように、この世の中はなっています。

そのために必要なことは、この二つ。

①自分も相手も喜ぶことをする
②躊躇なくお金をいただく

【幸せなお金持ちになる思考①】

「愛」か「お金」のどちらかを選ぶのではなく、両方とも手に入れる方法を考える

〈㊎貧と㊎金の思考の違い②〉

貧は、お金を財産だと思い
金は、自分のことを財産だと思う

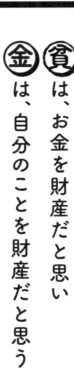

お金に対する不安って、「お金がない人が持つもの」のように思うけれど、実はお金持ちでもお金に不安を持っている人って結構います。

お金を稼げば稼ぐほど、不安が減りそうなものですが、実際は年収1億円、さらには年収10億円稼いでいる人でも、毎日「お金がなくなるんじゃないか」とビビっている人がいます。

実はそういう僕も、昔は常にお金がなくなる不安を持っていました。


お金がなくなる不安を持っている人には共通点があります。それは、

「お金＝財産」

だと思っているということ。


こういうふうに思っている限り、お金に対する不安はいつまで経っても絶対になくなりません。

「本当の財産」とは、実はお金ではなくて、**お金がなくなったときに、その人に残っているもの**なのです。

家族、知識、知恵、経験、健康、信用、時間、など。

「どんなことがあっても、これがあればまた一からやり直せる」というものが、「本当の財産」なんです。

これがわかっていないと、どんなにお金を稼いでも不安になってしまいます。

幸せなお金持ちになりたいなら、「家族、知識、知恵、経験、健康、信用、時間」を豊かにしながら、お金を稼ぐ方法を考えてみてください。

そうすると、お金持ちになる前から不安がなくなり、その代わりに笑顔が増えていき、気がつけば、自分が幸せなお金持ちになっていることに気づけるでしょう。

心配しなくても、あなたが幸せなお金持ちになるための財産は、いつでもあなたに備わっています。

今まであなたが、そこに気づいていなかっただけです。
でも、あなたは今、本当の財産に気づいてしまいました。
さて、あなたは今後、それらをどう活用していきますか？（笑）

【幸せなお金持ちになる思考②】

私には、「自分」というものすごい財産がある

〈㊜と㊎の思考の違い③〉

㊜は「お金がないと幸せになれない」
と思い

㊎は、お金がないときから
「自分は幸せだ」と思っていた

お金持ちになったからといって、幸せになれるとは限りません。

というよりも、**お金持ちになる前から、幸せになれるかどうかは決まっている**のです。

幸せなお金持ちって、お金持ちになる前から幸せな人なのです。

実はこれ、結婚も一緒です。

結婚して幸せになる人は、結婚する前から幸せな人です。

なぜかというと、**幸せとは心のクセで、そこには常に感謝がある**から。

感謝と不安は反比例します。

わかりやすく言うと、**感謝が少ない人は不安が多くて、感謝が多い人は不安が少ない。**

お金って、不安が大嫌いなんです。

だから、感謝が少なくて不安が多い人にはお金は寄り付かないし、感謝が多くて、不安が少ない人には喜んでお金が集まってくるのです。

これって人間も同じです。たとえば、

「老後に生活が安定せず、孤独死するのが不安なので結婚して〜〜！」
って言われたら、あなたも絶対イヤですよね（笑）。
それよりも、
「あなたといると、いつもすごく幸せな気持ちになれる。
感謝が溢れてきて、気がつけば笑顔になっている自分に気づくよ。
いつも一緒にいてくれてありがとう」
って言われたほうが、断然、嬉しいですよね。

だからお金に対しても、不安な気持ちで求めたり、お金の悪口になるようなことは絶対に言ったりしないほうがいいですよ。

幸せな結婚をしたいなら、結婚する前から幸せになる。
幸せなお金持ちになりたいなら、お金持ちになる前から幸せになる。
そのことさえ覚えておけば、あなたはイヤでも幸せになれます。

難しく考えなくても幸せになるのは簡単なことなのです。

学校でも教えていませんが、小学生でも幸せになれるぐらいですから（笑）。

それでも幸せになれないという人は、大好きな人の幸せを願ってみてください。

心がほんのり温かくなり、本当の幸せに気づけるようになりますから。

【幸せなお金持ちになる思考③】

「○○があったら幸せになれるのに」ではなく、

「幸せな私だから○○が手に入る」

と考える

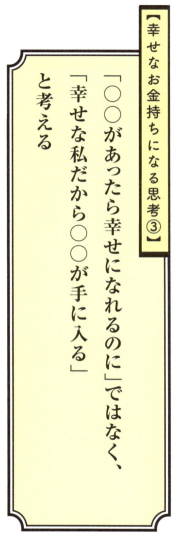

〈貧と金の思考の違い④〉

貧は、お金が回ってこないことを嘆き

金は、お金が回っているところに動く

さて、ここで質問です。

「太陽はどこから昇りますか？」


多くの方は「東から昇って、西に沈む」と答えると思います。

でも僕は、この答えに昔から疑問を感じていました。

「太陽は東から昇って、西に沈む」というのは「天動説」が信じられていた時代の発想であり、「地動説」が常識になった今、太陽は動いておらず、地球がその周りを回っているのだから「太陽は一度も昇ったことがない」のではないのか。というのが僕の答え。

「めんどくさいやつだなぁ」と思わないでくださいね（笑）。

実はこの発想、お金にも同じことが言えるのです。

つまり、お金のない人は、

「お金が回ってこない」

のではなく、

「お金が回っているところに行ってないだけ」

なのです。

自分のところにお金が回ってくるのをただ待っているだけでは、お金はいつまで経っても回ってきません。

そうではなく、**自ら動いてお金が回っているところに行けばいい**のです。

そして自らがお金を回せるようになれば、お金は自然に自分のところに回ってきます。

あとは金回りが悪くならないようなシステムを考えて、それを維持する。

そして、金回りが悪くなったときのために貯めたり、別のお金が回っているところを探したりしておく。

世の中のお金持ちがみんな、やっていることです。

「お金が回ってこない」と嘆いてばかりいる人は、「天動説」的な発想の人。

「どうすれば、もっとお金が回っているところに行けるだろうか」

とか、

「どうすればさらに、お金を回すことができるだろうか」

と考える人は、「地動説」的な発想のできる人。

あなたはどちらですか？

ちなみに、僕の愛する超天然の奥さんに「太陽はどこから昇る？」と聞いたら、自信満々に「下から！」と答えていました（笑）。

これもある意味、正しい。それでも地球は回っている……。

【幸せなお金持ちになる思考④】

「お金が回ってこない」と嘆く前に、自分はお金が回っている場所にいるかどうかを考える

〈㊎と㊎の思考の違い⑤〉

仕事に対してのイメージ

貧：仕事＝つらいから、
できればやりたくないこと

金：仕事＝やればやるほど、
自分の欲しいものが手に入る楽しいこと

コンサルティングをしていると、

「ワクワクする仕事がしたいけれど、自分のやりたいことがわからない」

という方がかなり多くいます。

そういう方たちの深層心理を探っていくと、

「何をやっても仕事はつらいので、できれば仕事はしたくない」

という意識があるのです。

だから、僕はそういう方たちには、

「お金がたくさんあったら、何をしたいですか？」

と聞くようにしています。

すると、

「海外旅行に行きたい」

「ブランド物の服やバッグが欲しい」
「メルセデス・ベンツに乗りたい」
「高級タワーマンションに住みたい」
など、たくさんの欲求が出てきます。

仕事でワクワク体験がなく、ただつらい思いしかしたことがない人が、いきなりワクワクする仕事を見つけるのは、カピバラを見たことがない人が、カピバラを飼うことを想像するぐらい難しいことです（笑）。

そういう人はまず、自分が想像するだけでニヤニヤしてしまうような、やりたいこと、手に入れたいものを想像する。

そして、「それを手に入れるために、仕事をするんだ」という意識を持つと、**仕事は「つらいこと」から「自分の欲しいものが手に入る、楽しいもの」に変わっていきます。**

そうすれば、その仕事自体からも、楽しみや生きがいを見出すことができ、**ワクワクする仕事を見つける確率が格段に上がる**のです。

やりたいことや手に入れたいものがすぐに思い浮かばない人は、

「今日のお昼は大好きなあれを食べよう！」

とか、

「仕事が終わって、一杯飲みに行くのが楽しみ！」

とかでもいいのです。


楽しいことを増やしていくことが、人生でもっとも大事なことなのですから。

【幸せなお金持ちになる思考⑤】

大事なものは「苦しさ」の中よりも、「楽しさ」の中からのほうが見つけやすい

〈貧と金の思考の違い⑥〉

貧は、人の悪いところを探すのがうまく
金は、人の良いところを探すのがうまい

成功者のほとんどが持っている才能。それは、

「人を褒めるのがとてもうまい」

ということ。

人生がなぜかうまくいかない人って、人のいいところをほとんど見つけられないけれど、悪いところは果てしなく見つけられるのです（笑）。

ある意味、それも才能と言えるけれど、人の悪いところを見つけても、何もいいことはないんですけれどね。

人って、褒められたら幸せなんです。

だから、**周りにいる人をどんどん褒める。**

いいところをどんどん見つけてあげる。

そうすると、褒めている人も、褒められている人も、みんな笑顔になるので、あっという間に成功してしまうんです。

人を褒める才能を先天的に持っている人もいるけれど、後天的に身に付けることだってできます。

ちなみに僕自身も、後天的に身に付けたほう。

もともと人間関係が超苦手だった僕は、以前勤めていた会社から配属されたお店で、半年の間に3店舗から追い出されたという経験があります。

4店舗目に異動になったときにオーナーから呼び出されて、「ここで追い出されたら、次はないよ」と宣告を受けたくらいです。

そこで僕は、デール・カーネギー著『人を動かす』(創元社刊)をはじめとした人間関係やコミュニケーションに関して書かれた本を読んで、猛勉強しました。

おかげで今は、その超苦手だった人間関係を教える立場にまでなることができたのです。

「人から認められたい」というのは、人のもっとも根本的な欲求です。

その欲求を自分で満たすことができず、すごく悩んでいる人はたくさんいます。

だからこそ、**人のことを褒めるのがうまい人は成功するし、今、いちばん求められている人**なのです。

善は急げ。さっそく今日から、目の前の人を褒めまくってくださいね。


【幸せなお金持ちになる思考⑥】

成功する秘訣は
怒るよりも、褒めること、
相手を大切な人のように扱うこと

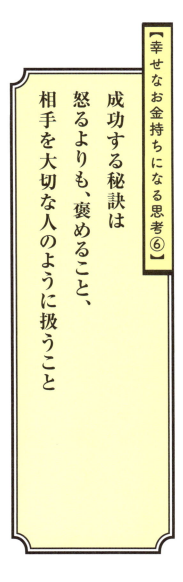

〈㊝と㊎の思考の違い⑦〉

「成功率は10パーセントです」と聞いて、
㊝は「10人に1人しか成功できないのか」と思い
㊎は「10回やれば100パーセント成功できるんだ」と思う

僕はクライアントさんから、ビジネスでもプライベートな相談でも、

「こうしようと思うのですが、どう思いますか？」

と聞かれると、よっぽどその内容が間違っていない限り、

「とりあえず、やってみたら？　どうせ、うまくいくから」


と、必ず言います。

実際、クライアントさんも僕に相談するまでにいろいろと考えてきて、その案になんらかの意義を感じて話しているはずだし、そもそも、確実な成功法なんて、誰にもわかりません。

もし、それがわかっていたら、みんなそれをやっているはずです。

ただ中には「とりあえずやってみましたが、うまくいきませんでした」と嘆いている人もいます。

そういう人に「何回、やってみたの？」と聞くと、ほとんどの人はだいたい、1

回だけしかチャレンジしていません。

起業して成功する確率は、5～10パーセントだというデータが出ています。
仮に成功率を10パーセントとして、その確率を見て、

「10パーセントということは、
10人に1人しか成功しないのか。それなら自分には無理だな」

と考える人がいれば、

「成功率が10パーセントということは、
10回やれば100パーセント成功するんだ」

と考える人もいます。**これが成功の分かれ目です。**
思い出してみてください。

子どもの頃、最初はできなくて失敗ばかりしていたことが、いつの間にかできるようになっていたという経験を誰でもお持ちのはずです。

自転車だって、最初から失敗せずに乗れる人なんて、一人もいません。

人生の成功だって、それと同じなのです。


【幸せなお金持ちになる思考⑦】

とりあえずやってみなければ、何も始まらない。やったぶんだけ経験値は上がる

〈㊝と㊎の思考の違い⑧〉

人間関係の変化に対して、
㊝は、人が離れていくことを恐れ
㊎は、新しい学びを求めて人から離れる

「起業家が**成功するのに必要なメンタル**ってなんですか？」

ということをよく聞かれます。

「強さはやはり、必要ですか？」とか「優しさがないとダメですよね」とも聞かれます。

強さだけではダメだし、優しさだけでもダメです。

どちらも必要です。

その場面によって発揮しなければならないことって、常に変わるのです。

たとえば、人が離れるときには〝**強さ**〟が、

一緒にいてくれる人のためには〝**優しさ**〟が求められます。

人が離れていくことを異常に恐れている人がいます。

でも、成功し始めると、今まで仲良くしていてくれた人が離れていくことが多くなるのは当たり前の話。

それは、海外に行くことに喩えるとわかりやすくなります。

たとえば、フランスに行くと、観光地を除けば日本人はほとんどいません。日本とは違う言葉を話し、違う価値観や習慣を持つ、今までに会ったことのない人たちばかりです。

当然です。そこは日本じゃなくて、フランスなのですから。


これは、成功でも同じことが言えます。

あなたが成功するということは、「今までとは違う、新しいステージに立つ」ということです。

今までと同じステージにいる人から見れば、新しい価値観や習慣を身に付けたあなたはまるで、〝異邦人〟のように映るかもしれません。

だから、起業して成功したから人が離れていったのではなく、正確に言えば、あなたが今までとは違う思考を身に付けたことで、今までの友達とは合わなくなり、自ら離れて行かざるを得ないということなのです。

ですからそのとき、変わることへの怖さを乗り越えるために**〝強さ〟**が必要になるのです。

そして、それでも一緒にいてくれる人、新しく出会う人のためには **〝優しさ〟** が必要になってくるのです。

何か新しいことを始めるとき、人間関係の変化を恐れなくても大丈夫。

人間関係が変わるのは、成長の証なのです。

【幸せなお金持ちになる思考⑧】

あなたが成長すればするほど、新しいステキな人間関係が構築できる

〈貧と金の思考の違い⑨〉

貧は、自分の不幸な面に焦点を合わせ

金は、自分の幸福な面に焦点を定める

自分で言うのもなんですが、僕は初対面の人でも「昔からの仲良しか！」ってツッコまれるくらい、誰とでもすぐに仲良くなれる才能を持っています。

先日も休みの日にホテルでマッサージを受けたら、その若い男性のマッサージ師さんと秒速で仲良くなりました。すると、

「自分は父親からの遺伝で、いつ死んでもおかしくない200万人に1人の奇病持ちなんです。だから、自分の子どもにも遺伝したらかわいそうなので、結婚もせず、子どもも作らないようにしているんです」

って、突然、明るくカミングアウトされました。

聞き流そうかとも思ったのですが、あまりにも好青年で、僕の体のことも一生懸命ケアしてくれるので、思わずこんな質問をしてしまったのです。

「今、『生まれてくる子がかわいそう』って言ったけれど、じゃあ、あなたは自分が生まれてこなければ良かったって思っているんですか？」

それに対して、マッサージ師さんはこう言いました。

「いえ、そんなことは思ったことがありません。正直、病気は大変でしたが、今もこうやって生きていますし、すごく幸せですし……**あっ!!**」

言葉を失っているその方に、僕はこう言いました。

「そうです。信じなくてもいいんですけれど、それが将来生まれるのを楽しみにしている、あなたのお子さんからのメッセージですよ」

マッサージ師さんの手が止まったので、どうしたのかと思って目を開けてみると、「やってしまった……」と思っても〝時すでに遅し〟。マッサージ師さんを号泣させてしまっていました。

「そんなこと初めて言われました……。そうですね、**僕は自分で自分を勝手に制限していました。**そして危うく勝手に、子どもの命を奪うところでした。父は奇病で早くに亡くなりましたが、生前は息子の僕が同じ奇病でも、すごくかわいがってくれました。その父の死後に、母が女手一つでここまで育ててくれたことに、今なら心から感謝できます。気づかせてくれて、本当にありがとうございます！」

多くの人は、自分で自分の行動に制限をかけ、自分で自分の未来を決めてしまっています。

でも**その制限をかけている思考を違った角度で見てみれば、違った未来が見えてくる**のです。

【幸せなお金持ちになる思考⑨】

現象が同じでも、違った角度で見れば最高の未来が見えてくる

貧は、自分の手に届かない
成功をつかもうとし
金は、自分の手に届く成功を
つかんでいく

たまに、

「モゲさんみたいにコンサルとか、カウンセリングとかをやってみたいです」

と言う人がいます。そう言う人に、

「じゃあ、とりあえずやってみたらいいですよ」

と言うと、ほとんどの人は、

「え〜、でも、モゲさんみたいにうまくできる自信がないから……」

とおっしゃる。そこで僕は、こう質問します。

「じゃあ、草野球もやったことない人が『野球をやりたいんですけど、元・大リーグのイチロー選手みたいにはできないので、野球を始めることができません』って言ったら、どうします？」

本当にこんなことを言う人がいたら、無言で回し蹴りをくらわせたくなりますよね（笑）。

「ダイエットをしたいけれど、パリコレモデルみたいになれそうにないから諦める」

とか、

「カラオケで歌いたいけど、ＮＨＫ『紅白歌合戦』に出られるほど歌がうまくないので、カラオケに行くのは諦める」

とか、普通に考えたらおかしいってみんな気づくのに、これがビジネスの話になると、なぜかわからなくなるのです。

行動できない人の多くは、最初から成功のイメージが高すぎるのです。

そんな人に限って、「自信がない」とか言いながら、セルフイメージはエベレストレベルです（笑）。

だから、**行動を簡単にできるようにするためには、「やったことがないことを、やってみるだけで成功」というように、成功のレベルを下げればいい**のです。

たとえば、ハワイに行きたいと思ったら、

「ハワイの情報を調べてみた」だけで成功。

「ハワイツアーのパンフレットを集めてみた」だけで、さらに成功。

「ハワイに行くために毎月、1万円ずつ貯めるようになった」でも成功。

「ハワイツアーに申し込んだ」ができれば、大成功！

というように、**小さな成功を重ねていければ、それが大成功へと必ずつながっていく**のです。


【幸せなお金持ちになる思考⑩】

成功への道のりがどんなに遠く思えても
一歩進めば、それだけ成功に近づける

すごい！お金持ちMOGEコラム②

僕を変えた思考

本から多くのことを学んで自信が付いた僕は、さらなる飛躍を求めて会社を辞め、独立しました。

起業してすぐに直面したのは「**収入ゼロ**」という現実。

あっという間に一生懸命貯めた貯金はなくなり、生活費に困って、毎月の支払いに追われる月が続きます。

二度もお金が底を突き、奥さんと一緒に親に土下座してお金を借りるなどして、なんとか凌《しの》ぎました。

それでも諦めずにがんばっていると、徐々に仕事が増えてきます。

「努力は裏切らない」

「がんばれば道は拓《ひら》ける」

そう言い聞かせて僕は、さらなる努力と行動を自分に課しました。

その結果、眼精疲労になってパソコンの画面が見られなくなり、ドクターストップがかかってしまいます。

僕は、途方にくれました。


「お金を稼げなければ、愛する人を守ることもできない……」

そこで僕は思い切って、**自分の思考自体を変えてみる**ことにしました。

とはいっても、どう思考を変えていけばいいのかまったくわからなかったので、まずは**お金持ちや成功者がどんな思考をするのか、徹底的に学んで、自分のものにしよう**と思ったのです。

お金持ちの思考を学ぶためには、ただ書かれたものを読むだけではなく、**実際にその人たちと会って、ダイレクトに学び取る**ことが必要だと感じた僕は、お金持ちが集まりそうな、様々な会に参加しました。

一流ホテルで開かれる勉強会に参加したり、お金持ちの友人に頼んで、年収2000万円以上稼いでいる方たちを集めた飲み会を企画したり、そこに来られる方たちに様々な質問をしてみたりして、いろいろな**「お金持ちのレクチャー」**を受けたのです。

たとえば、こんなことがありました。

あるお金持ちの奥さんから「そのメガネ、変えたほうがいいわよ。今度、一緒に買いに行きましょう」と言われ、買いに行くことになりました。

そこで僕は、自分が気に入った3万円のメガネを選ぶと、お金持ちの奥さんからこう言われたのです。

「だから、モゲちゃんはダメなのよ。**成功したときにかけているメガネを選びなさい。**そうすれば、メガネは顔の一部なんだから、そのメガネに合う自分になれるから」

そして僕は、8万円のメガネを（カードで）買わされました（笑）。

そうしたことも含めて、お金持ちの方たちとお付き合いするのには、ものすごくお金がかかります。

当時の僕にはかなりの出費でしたが、得られたものはそれ以上に価値のあるものでした。

そこで僕は、まさに**思考の大転換を経験**することができたのです。

思考を変えることで行動が変わり、結果や引き寄せるものが大きく変わったのです。

私を変えたモゲさんの言葉

Sさん
（ライフコンサルタント）

モゲさんと出会う前の私は、こうでした。

・月に100万円は稼げていたけれど、どうやったらもっと稼げるかがわからなかった
・「もっと、できるはず」が、脳内頻発ワードだった
・「でも、今も十分幸せだしなぁ」も、脳内頻発ワードだった
・けっこういいパートナーシップだけど、事あるごとに夫に期待してイライラしていた

つまり、**愛もお金も【中途半端】**だったんです!!
中途半端に愛を手に入れて、中途半端にお金も手に入れて、ほどほどに

幸せで、ほどほどに成功していた。

だからこそ、さらに飛躍するタイミングを完全に見失って、迷子になっていました。

「旦那さん、また世界一周に行っちゃうから、**君がさっさと稼げばいいよ**」

「君はありのままの自分を発揮していればいい」

モゲさんに会いに行って言われたことは、これだけでした。

なのに！　私の中で悩みに悩んでいたことがズバっと解決され、一瞬で違う世界に移動したかのような衝撃でした！

これまでモゲさんに教わった中でもっとも印象的なことは、**「美しく生きる」という人生の基準**です。

「美しい」とは単に見た目のことではなく、自分の内面や行為が、自分にも相手にも快く感じられることです。

具体的に言うと、こんな感じです。

・自信があるかないかよりも、自分が「美しい」と思えるかが大事

・うまくいったときは、喜べばいい。
うまくいかなかったときは、学べばいい

・あり方も大切だけれど、もっと大切なのは生き方だ

やるだけやったらうまくいこうが、うまくいかなかろうがどっちでもいい。大切なのは、自分が美しいと思えるかどうかだと思うのです。

モゲさんと出会ってから、たくさんの夢のような成果を上げることができました。

月商100万円から、月商800万円に！

3人の幼い子どもがいながらも世界中を飛び回れるようになり、東京と沖縄でデュアルライフを送っています。

また、私が稼ぐことで夫を主夫にできたり、夫に車を買ってあげられたり、家族でまた世界一周へ行こうと決められたことも本当に幸せです。

クライアント様の満足度も上がり、リピート率は80パーセントを超えました。

売上やリピート率のように、その成果が数値化できるものも重要ですが、私が一番嬉しかったのは、夫が喜ぶ顔を見られたことや、『家族が幸せになることに何も制限なんてないんだ』ということを見せられたことなどの、数値化できない幸せです。

第3章

幸せな
お金持ちになる
行動のチェンジ

〈貧と金の行動の違い①〉

貧は、自分の価値以上にお金を使い

金は、自分の価値以上にお金を稼ぐ

僕たちは**お金を通して様々な価値を知ります。**

たとえば、**自分が毎月使っている金額で「自己価値」**を知ります。

さらに、**毎月支払ってもらっている金額で「他者価値」**を知るのです。

もう少しわかりやすく説明すると、自分が毎月使っている金額が**「私はそれだけの価値がある」と自分で思っている金額。それが「自己価値」**です。

毎月支払ってもらっている金額が**「あなたはこれぐらいの価値ですよ」と、周りの人たちから思われている金額。それが「他者価値」**です。

だから、どんなに稼いでも「自己価値」が「他者価値」より高かったらお金は貯まらないし、その反対に、周りの人があなたを認める価値があなたの「自己価値」より高ければ、どんどんお金は貯まっていきます。

具体的に言うと、今月あなたが周りから20万円もらったら、周りの人が「あなたには20万円の価値がある」と思っているということです。

それに対してあなたが、自分のことを「毎月30万円使う価値がある」と思って使っていると、その差額の10万円ぶんが赤字になります。

だから、お金を貯めるには「自己価値」を「他者価値」よりも下げると、勝手に貯まるのです。

でもそれだと、お金は貯まるかもしれませんが、「自己価値」を常に抑えて生きていかないといけません。

そうすると、海外旅行にも行けないし、おしゃれもできないし、美味しいものも食べられず、贅沢できないので、人生がまったくおもしろくない（笑）。

では、どうすればいいかというと、**「自己価値」を上げながら、「他者価値」を上げていけばいい**のです。そのためには、

「自分の価値を心から認めてくれる場所を、本気で探すこと」です。

現役時代のイチロー選手が、会社で時給1000円の事務職をやっていたら、周りのみんなが「なぜ!?」ってツッコむと思います（笑）。

野球なら何十億円と稼げるイチロー選手に、時給1000円の仕事をさせるのはもったいない。

でも、これはイチロー選手に限ったことではありません。

誰にだって、自分が輝ける場所が必ずあります。

そのために、人には個性があり、それを発揮させるために人生はあるのですから。

仕事のスキルを一生懸命上げるのもいいけれど、それ以上に自分の個性を認めてくれる場所を、一生懸命探しましょう。


【幸せなお金持ちになる行動①】

天才とは誰よりも努力した人ではなく、誰よりも自分の輝ける場所を探した人

〈貧と金の行動の違い②〉

部屋に使わない物があったとき、
貧は「また使うかもしれない」
と捨てられずに部屋が散らかり
金は「必要になったら、また買えばいい」
と処分して部屋がスッキリしている

「お金持ちになるためには、自分の部屋をキレイにしたほうがいいですか？」

といったような質問をたまに受けます。

もちろん、部屋がキレイだからといってお金持ちになれるわけではありませんが、部屋が散らかる原因に問題があります。

部屋が散らかっているということは、物を捨てられない人ということです。

物を捨てられない人っていうのは「近い将来、また使うんじゃないか？」と思っているから物が捨てられない。

こういう発想をする人は、**自分で将来も貧乏であることを予測しているのと同じ**です。

これに対してお金持ち思考の人は、「必要だったら、そのときまた買えばいい」と思うから、どんどん処分したり、人にあげたりして部屋をキレイにしていきます。

ただ、なかなか捨てられない物もあるのは事実です。

僕の場合は本。

読み返すこともそうですが、自分が気に入った本をただ眺めているだけでもエネルギーが湧きます。

すると仕事がさらに楽しくなり、豊かな発想も生まれやすくなるのです。

本以外でも、その人のエネルギーが高まるような物であれば整理して、置いておけばいいと思います。


そもそも**「片付けられない」ということは、その片付かない物が「大事にする必要がない物」だということだから、そういう物は人にあげるか処分するだけ**です。

部屋にどうでもいい物が散乱していると気が散るし、エネルギーも減少します。

これでは仕事の効率が上がりません。


それよりも、部屋に大好きな物だけ置くようにすれば、それだけ意欲も湧くので仕事の効率も上がります。

側《はた》から見ていて無駄遣いに思えるような物でも、その人のエネルギーが上がる物であれば、結果的に収入も上がって、まったく無駄にはならないのです。

【幸せなお金持ちになる行動②】

無駄な物に囲まれるとお金は減り
エネルギーが増える物に囲まれれば
お金は増える

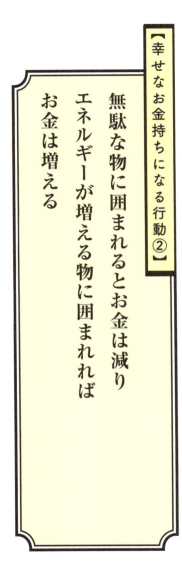

〈貧と金の行動の違い③〉

「幸せの扉」を前にして、
貧は「これは『幸せの扉』か『不幸の扉』か
どちらだろう？」と考え込み
金は「どちらかは開けてみないとわから
ない」と、すぐに開けてみる

あなたの前に天使が現れて、

「目の前に扉が10個あります。
そのうち、一つだけが成功につながる扉です」

と言いました。あなたならどうしますか?

人生がなぜかうまくいかない人は、扉の前で考え込んでしまいます。
なぜなら、「扉は一つしか選べない」と勝手に思い込んでしまうから。
天使は一言も「扉は一つしか選べません」なんて言っていないのに。

これに対して**人生がいつもうまくいく人**は、片っぱしから扉を開けていきます。
開けるだけならノーリスクだし、必ず一つは成功につながるのですから、早く開けてしまったほうが早く成功できるのです。

僕のクライアントさんはなぜ、あっという間に成功してしまう人が多いのかというと、僕はいつもノーリスクの成功方法しか教えていないからです。

だから、**成功するまでチャレンジできる**のです。


ビジネスでうまくいかないパターンで多いのは、最初から大金を投じてしまって、次の手や、その次のチャレンジができずに終わってしまうことです。

ビジネス初心者ほど、最初にお金をかけたがります。

なぜか「お金をかけたほうがうまくいく」と、思い込んでしまうのです。


または、第三者の「お金をかけたほうがいいものができますよ」という口車に乗せられてしまうパターン。

自分がお客さんを喜ばせないといけないのに、自分がお客さんになってその第三者を喜ばせているのに気がついていない（笑）。


自転車を最初から乗りこなせる人なんていませんよね。

でも、ちゃんと乗り方を教わって実行すれば、誰だって乗れるようになります。
成功もそれと同じです。
成功した人から教わったことをちゃんと実行すれば、誰でも必ず成功することができるんです。

【幸せなお金持ちになる行動③】

取り返しのつかないこと以外は、とにかくやってみる。
そうすれば必ず、
成功にたどり着くことができる

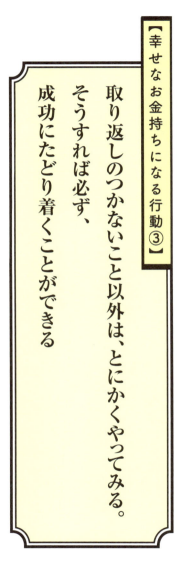

㊖は、失敗を恐れて
チャレンジできず
㊎は、未経験を恐れて
チャレンジする

先日、お金大好きな7歳の息子が100円均一のお店で『目指せ10億円！　財テクゲーム』というボードゲームを買ったので、家族全員でやってみました。

「僕が10億円を手に入れる！」と意気込んでいた息子は、あっという間に借金を背負って倒産（笑）。

それを見て笑っていた僕は、過去にも同じような体験があったことを思い出しました。

それは今から10年以上前の話。僕は起業したばかりで、月に5万円も稼げていなかった頃のことです。

その当時、世界的ベストセラーだった『金持ち父さん貧乏父さん』（筑摩書房刊）の著者、ロバート・キヨサキ氏が作ったキャッシュフローゲームを、ある億万長者と一緒にする機会がありました。

その億万長者と同じく僕も、キャッシュフローゲームをやるのは初めてでした。

ですから、一緒にゲームをすることで、どんなことを学べるのかワクワクしながらスタートしました。

すると、その億万長者はゲームの中のビジネスチャンスをすべて経験して、あっさりと倒産してしまったのです。

それを不思議に思いながらも僕が一生懸命、倒産しないように考えながらやっていると、ゲームを早々とリタイアして暇を持て余したその方が後ろから、僕にこんな質問をしてきました。

「モゲちゃんさぁ、これはゲームなんだよ。なんで、どんどんチャレンジしないの？」

「あっさり倒産したお前に言われたくないわ！」と思いながらも聞いていると、続けてこう言われました。

「みんな、失敗を怖がってゲームでさえチャレンジできないんだよね。失敗なんて、やり方さえわかればいつでも取り返しがつく。いちばん問題なのは、ゲームのやり方を知らないままやることだよ。だって、それだと成功してもただの〝まぐれ〟だからね」

つまり、この億万長者は、ゲームのやり方を学ぶためにあえてすべてのイベントにチャレンジして失敗を経験し、ゲームのコツを理解したのです。

実際、2回目のゲームでは、その億万長者がぶっちぎりのトップで勝利しました。

やはり、**失敗を恐れて前に進まないよりも、失敗を学びに変えて前に進んだほうが絶対に結果につながる**ということなのですね。

ちなみに、僕の息子も2回目のゲームではぶっちぎりのトップでした。


【幸せなお金持ちになる行動④】

失敗して後悔するよりも、チャレンジしないで負けたほうが後悔は大きい

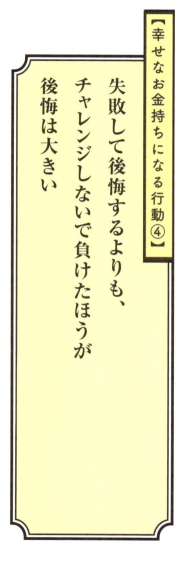

〈貧と金の行動の違い⑤〉

貧は、自分のやりたいことにこだわり

金は、儲かることにこだわる

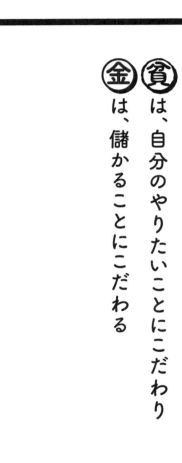

仕事がうまくいっていない人がよく口にする言葉。それがこれです。

「ワクワクする仕事がしたいんです」

もちろん、ワクワクすることはいいことです。

でも、**仕事においてもっとも大事なことは〝儲かる〟こと。**

〝儲かる〟というと、とても難しいことのように思うかもしれませんが、要は「お客さんが喜んでくれる」ことと「継続できる」ことで、自分ができることを探せばいいのです。

以前あるクライアントさんが、まったく儲かっていないのに、

「私、スムージーを売りたいんです」

と言ってきました。

そこで僕は、

「それは儲かってからやってね。それより今は、コレをやったらいいよ」

とアドバイスしました。
その結果、そのクライアントさんは翌月に100万円稼いで、今では毎月300万円以上稼いでいます。
そして、スムージーの販売のことなんて、すっかり忘れています（笑）。

仕事はまず、稼ぐことを考える。そして稼げるようになると、本当にやりたいことが見えてくるのです。

うまくいかない人の中には「商品を安く提供することが社会貢献だ」と思っている人が多くいますが、しっかりと利益を出して税金を納めたほうが、よっぽど社会貢献につながります。

薄利多売は大手がすること。中小の企業や、ましてや個人事業主が薄利多売に走ると、そのぶんを自分の時間や労力で補おうとするので、ものすごく疲れるんです。
それでは結局、独立した意味がなくなってしまいます。

「夢を持つこと」もいいけれど、現実的な話、それより大事なことはまず「お金を

持つこと」です。

夢がなくても食べていけるけれど、お金がないと食べていけないし、大事な人を幸せにすることもできません。

逆に、**大事な人を幸せにすることを考えていったら、それが必ず自分の夢につながっていく**のです。

【幸せなお金持ちになる行動⑤】

儲かることを行動の基準にしておけば
自ずとお客さんの喜びにつながり、
自分にも、大切な人にも、
社会にも役立つことになる

〈貧と金の行動の違い⑥〉

初めてのことに対して、
貧は「自信がないから無理」と諦め
金は「自信がない」ことは
事前の準備でカバーする

僕はクライアントさんにアドバイスするとき、基本的にはリスクのないことしか勧めません。

それでも多くの人は「自分にそれができるかどうか……」と言って、行動を躊躇します。

初めてのことや、やったことがないことに自信がないのは、当たり前の話です。ではどうすればいいかというと、事前に備えたり、準備すればいいのです。

僕も、今でこそセミナーやセッションを行う際に、テキストや事前の準備は一切せずに2時間でも、3時間でもずっとしゃべることができますが、最初からそうだったわけではありません。

初めてのセミナーのときは、パソコンに話す言葉を一字一句打ち込んで、それを見ながらアドリブっぽく話しました。

しかも、「ギャグのタイミングですよ」と言うことも事前に準備し、ここで思いついたかのようにやっていました（ウケないときはダメージが大きいですが　笑）。

それを何度か繰り返しているうちに、徐々にパソコンを見る回数が減っていき、今ではまったくパソコンに頼ることなく、何時間でも話し続けられるようになりました。

自信がない人は、ただ回数が少ないだけ。

何度もやっているうちに、自然と自信が付いてくるものです。

こういう話をしても、「やっぱり、自信が持てないのでできません」と言う人がいます。

でもその人に、「じゃあ、それをやったら僕が1億円あげるって言ったらやる？」と聞いたら、「間違いなく、やります！」と即答します（笑）。

結局、「自信」なんて関係ないのです。

要は、失敗してもいいからやりたいか、やりたくないか、なのです。

これがもし、「1億円もらってもやりたくない」ことなのだとしたら、それはやらないほうがいい。
でも、リスクがなくて、うまくいったときの報酬があるのなら、絶対にやったほうがいい。
結局のところ、人生はやったもの勝ちなのですから。

【幸せなお金持ちになる行動⑥】

不安があれば、事前の準備で解消する。うまくできないときは、回数をこなして慣れる

〈貧と金の行動の違い⑦〉

「自分に学歴がないこと」を、
貧は、コンプレックスに感じ
金は、気にしないし、興味がない

先日、あるクライアントさんから、

「自分は学歴コンプレックスがあるのですが、どうすればいいですか?」

という相談を受けました。

でも実はこの方、学歴にコンプレックスがあるのではなくて、**自分らしく生きていなかった**のです。

自分らしく生きていたら、周りの学歴になんて興味がなくなるし、どうでも良くなります。

僕も学歴と言えるほどのものはないけれど、クライアントさんが東京大学や早稲田大学、慶應義塾大学といった一流大学を卒業していても、「そんな頭のいい人に……」なんて引け目を感じることは一切、ありません。

なぜなら、**学校の成績がいいことと、社会で求められる能力があることは、必ずしも一致しない**からです。

実際、一流大学を卒業した人たちが全員成功したとか、幸せになっているわけじゃないことからも、関連性があまりないことがわかります。

もちろん、一流大学に入って、一流企業に勤めること自体が成功であり、幸せと感じるなら、それもいいでしょう。

ただ、今の時代は一流企業に入社できたからといって、一生安泰というわけにはいきません。

自分がしたくないことをやらなければいけないこともあるし、解雇や倒産の可能性だってあるのです。

時代がどんなに変わっても、「自分らしく生きる」という行動基準があれば楽しく、悔いなく過ごせます。

それに、頭の良さや人間の能力は、学校の成績だけでは測れません。

「天才」＝「頭がいい人」ではなく、

〝天〟からもらった〝才〟能を活かした人が、「天才」なのです。

つまり、**本当に自分らしく生きている人は全員、天才**なのです。

そう思えば、学歴にコンプレックスを抱くことなんて、絶対にないですよね。

昔は「三高」といって、「高学歴、高収入、高身長」の人がモテましたが、**これからは「三幸」の時代。**

「自分が大好きで幸せ、経済的に幸せ、人間関係が良好で幸せ」な人が、モテるのです。

【幸せなお金持ちになる行動⑦】

自分らしく生きる。
比べるのは他人ではなく、
過去の自分と理想の自分

〈㊎と㊎の行動の違い⑧〉

㊎は、貧しい行動をするから豊かになれず
㊎は、豊かな行動をするから豊かが続く

僕の職業はコンサルタントです。

決して、占い師ではありません（笑）。

でも、僕のクライアントさんからは、

「そこらへんの占い師よりも、めっちゃ当たる！」

とよく言われます。

僕自身、手相も見られないし、四柱推命とかタロットカードもできないし、占いを受けたこともほとんどありません。

ではなぜ、僕の言うことが当たるかというと、いつも、その人の顔を見たり、行動やあり方を見たりしていると、自ずとその人の未来がわかるからです。


人相の知識がなくても、**いつも笑顔で、みんなが楽しくなるような言葉を使っている人は不幸にならない、というか、不幸になれない、のです。**

だから、その人が今後、幸せになるか、不幸になるかがわかるのです。

これは逆もまた然りで、いつもしかめっ面で、みんなが楽しくなくなるような言葉を使っている人が成功したり、幸せになったりしたのを見たことがない（もちろん、行動を変えれば別ですが)。

僕自身が占いをほとんど受けたことがないのは別の理由もあって、
「未来は見てもらうものじゃなくて、自分で作るもの」
だと思っているからです。

絶対に、知らない占い師のおじさんやおばさんに、5000円くらいでわかるような人生にはしたくない! と思っています(笑)。

もちろん、占い自体を否定するつもりはないし、占いが好きな人は、それを活かせばいいのです。

ちなみにこれもよく聞かれるのですが、信用していい占い師と、信用しないほうがいい占い師の見分け方があります。

見るポイントは二つ。

①その占い師が、実際に幸せそうにしているか?
②その占い師の周りの人が、幸せそうか?

ということです。

これは占いだけではなく、コンサルタントとかアドバイザーにも言えることです。

貧乏で不幸そうな人に「幸せに成功する方法」を聞きに行っても、真実味がないですからね。

【幸せなお金持ちになる行動⑧】

自分がいつも笑顔で、周りの人が明るくなる言葉を使い、人も自分も喜ぶ行動をする

〈㊮と㊎の行動の違い⑨〉

仕事がうまくいかずに行き詰まったとき、
㊮は、仕事を替えることを考え
㊎は、人生のあり方を見直す

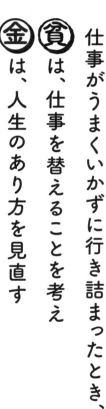

仕事がうまくいかなくて行き詰まったとき、多くの人は仕事自体を替えることを考えると思います。

もちろん、それでうまくいく場合もありますが、もし仕事を替えてもまたうまくいかなくなるんだとしたら、仕事以外のことを変えないと、問題解決にはなりませんよね。

仕事に限らず、**問題の直接的な原因を変えるより、もっと違う視点で考えたほうがうまくいく**ことってあるんです。

たとえば、ビジネスで成功したい人は、もっと恋愛をしたほうがいい。たった一人の心をつかめないのに、商売なんてできないですから。

周りを幸せにしたい人は、まず自分を幸せにしたほうがいい。

自分が幸せになれば、周りの人にその幸せは伝染するから。

自分の悩みを解消したいなら、器の大きい人と一緒にいたらいい。
あなたの悩みが小さすぎて、悩んでいるのが笑えてくるから。

自分を強くしたい人は、最愛の人を見つけたほうがいい。
自分以上に大切な人を見つけたら、人はどれだけでも強くなれるから。

そしてその最愛の人を死ぬほど幸せにしたほうがいい。
あなたが幸せにしたい人が、あなたをいちばん幸せにする人だから。

結局のところ、問題はその本質を変えない限り解決しません。
では、その本質とは何か。

一言で言えば、〝愛〟であり、
その〝あり方〟が問われているのです。

「なんか最近、うまくいってないな」

と思ったら、

「自分はちゃんと、自分や周りを愛せているか？」

ということを振り返ってみたらいいのです。

愛は出せば出すほど増えるものだから、出し惜しみはしないほうがいいですよ。


【幸せなお金持ちになる行動⑨】

物事がうまくいってないときは、

「自分や周りをちゃんと愛せているか」

を見直す

〈㊤貧と㊤金の行動の違い⑩〉

貧は、何も変えずにただ
引き寄せるのを待ち
金は、行動の結果、
引き寄せを起こす

「引き寄せの法則」は、今までにも何度かブームになり、ベストセラーが何冊も出ていますが、それを実践しても**「引き寄せる人」**と**「引き寄せられない人」**に分かれます。

では、「引き寄せの法則」ってそんなに難しいことなのかというと、そうではありません。

引き寄せなんて、本当は誰でもできるんです。
本気になればいいだけなのですから。

だって、本気でそれが欲しいと思ったら、人はイヤでも行動しますよね？

たとえば、あなたがトイレをすごく我慢しているとします。

そんなあなたに「トイレを引き寄せるから、待っていて！」と言う人がいたら、「そんなことしなくていいから、早くトイレの場所を教えて！」ってなりますよね（笑）。

「大好きな人を引き寄せられない！」

というのでも、

「もし、1ヶ月以内に大好きな人と付き合えなければ、あなたを射殺します」
って言われたらどうしますか？

今、大好きな人がいるのなら、まさに必死でその人と付き合えるように努力しますよね。

そして、その人がダメなら友達に頼んで誰か紹介してもらったり、毎晩、合コンを企画したり、さらに好みの人がいたらとりあえず声をかけてみるとか、必死で行動すると思うんです。

結局、**引き寄せられない人は、「引き寄せられない」のではなく、本心では「自分には引き寄せられない」と思っているか、「行動したくない」だけ**なのだと思います。

その証拠に、「ずーっと家でゴロゴロしていたら、欲しいものはなんでも引き寄せました」なんていう人の話、聞いたことないですよね？

ずっと何もせずに引き寄せられるものって、NHKの集金とか、泥棒とか、カビぐらいなものです（笑）。

だから**もし、あなたがなかなか引き寄せられないと思うことがあるのならば、それを具体的に書き出してみてください。**

そして次に、**それを得るため、そうなるために必要と思われる行動を考えられる限り書いて、一つずつ実行に移してください。**

そうすれば、**早いものは今日にでも結果が表れるはず**です。

【幸せなお金持ちになる行動⑩】

行動力＝引き寄せ力

すごい！お金持ちMOGEコラム③

僕を変えた行動

多くの人が失敗を恐れて行動をためらいますが、失敗の本質さえわかっていれば、怖がることは何もありません。

失敗した結果が命に関わるとか、取り返しのつかないこと以外はすべて経験となり、それを活かすことで自分の財産に変わります。

「失敗は成功のもと」と使い古された言葉をあえて使わなくても、**行動は諦めない限り、失敗にはならない**のです。

さらに言えば、**人生において最大の失敗は行動（経験）しないこと**です。

それは多くの成功者が口にしていることですし、〝万物《ばんぶつ》の霊長〟としての人間の本質でもあるのです。

僕たち人間は、経験値を積むことでどれだけでも成長し続けることができます。

もちろん寿命はありますが、一人の人間が生み出した英知は人類に引き継がれ、さらなる発展につながります。

話が大きくなりすぎましたが（笑）、**行動は生まれ持ったどんな才能よりも上だし、逆に言えば、どんなに素晴らしい才能を持っていたとしても、行動しなければそれを活かすことはできません。**

たとえば、僕はまったく女性にモテませんでした。

1日に10人の女性にフラれたことだってあります。

同じ長崎県出身のシンガーソングライターで俳優の福山雅治《ふくやままさはる》さんと比べ

たら、顔も足の長さも劣るかもしれませんが（笑）、でも、世界でいちばん大好きな人と結婚することができましたし（その人にも2回フラれましたが　苦笑）、結婚して15年以上経ちますが、奥さんとこれまで一度もケンカしたことがないくらい、お互いを理解し合えています。

今は人間関係も、お金にも恵まれていますが、それらもすべて最初からあったわけではなく、行動の結果として手に入れることができたのです。

とはいうものの、過去の失敗がトラウマになって、なかなか行動できない人の気持ちもわかります。

そういう人も、「こうすれば絶対に失敗しない」とわかっていれば、行動できますよね。

「そんな方法が、本当にあるのか!?」と言えば、実はあるのです（笑）。

恋愛も、人間関係も、仕事も、これがあれば絶対にうまくいきます。

それは、**「愛を持って行動する」ということ**です。

恋愛も、こちらが愛しているからといって行動しても、相手にそれが伝わらなかったら、それはストーカーと同じです。

その行動が相手に伝わってこその愛なのです。

それは恋愛に限らず、すべての人間関係に言えることで、仕事のほとんどが人間関係からなっていることを考えれば、愛を持って行動すれば、仕事だってうまくいくのです。

ビジネスで大切なのは、「お金の流れ」を読むことです。

「お金の流れ」というと難しいことのように思いますが、**「お金の流れ」を生むのは人**です。

つまり、**「お金の流れ」が見えてない人は、人のことが見えてないとい**

うことなのです。

人のことが見えていたら、人がどんなことに困って、どんなことに悩んでいるのかがわかります。**それが全部、お金になる**のです。

愛を持って人と接すれば、その人がどんなことに困り、何に悩んでいるのかがわかります。

ビジネスで稼げない人は、自分のことしか考えていないのです。つまり、「愛がない」のです。

そして、そういう人に限って「あいつは俺のことをわかってない」とか、「どうして私のことをわかってくれないの?」となるのです。

あなたがどれだけ相手のことを愛していても、それを言葉にしたり、行動に表したりしなければ、相手に伝えることはできません。

さらに、相手のことがわかっていなければ、相手の愛に応えることもできないのです。

人は本来、愛なのです。すべての人が愛を持って生まれてきたのです。うまくいかないのは、その愛の発揮の仕方がわからないだけ。

そのためにも、やっぱり**行動が必要**なのです。

そして、行動はなんでも変えればいいというわけではありません。変えないことで、本当の愛を貫けることだってあるのです。

たとえば、僕の奥さんは、未だにお金に対するメンタルブロックがあります。

そこで僕が「そのメンタルブロック、外してあげようか？」と聞くと、こう言いました。

「外さなくていいよ。

だって、あなたの仕事は安定しているわけじゃないから、私までブロックが外れたら、収拾がつかなくなるかもしれない。

私はお金を使いたいとは思わないし、これからも自分の行動は変えないけれど、あなたは自分が成長するために必要だと思うのなら、そのために必要なお金は使っていいよ」


行動を変えることが愛ならば、変えないことも愛なんですね。

お金持ちチェンジ！
体験談③

私を変えたモゲさんの言葉

Y・Mさん
（ビジネスコンサルタント）

モゲさんと出会う前の私は、パートをやめて起業して半年くらいが経った頃でした。

起業ノウハウを学び、最初の半年で40万円程度を売り上げたものの、その後、行動がストップしてしまい、その理由もわからず、自分の取り扱い方がわからない状態に……。

3ヶ月間、売上も行動もゼロ状態になっていました。

なんとか打開したいと思い、かなり収入のあるコンサルタントに教わったり、コーチングを受けたりしていましたが、売上という結果には結びつかず……。このまま継続を諦めて、パートに戻ろうかと真剣に悩んでいました。

そんな私がモゲさんに出会ったキッカケは、女性起業家とのコラボセミナーでした。

その女性起業家から、彼女の劇的な変化のキッカケがモゲさんだったと聞いて、勧められるまま、そしてモゲさんのことをよく知らないまま、即セミナー参加を決断。とにかく、何かしら現状を変えたいと思っていました。

そして迎えたセミナー当日。初めて会ったモゲさんの印象は「お金持ちなのに気さくな人だな」ということでした。

それまで教わっていたコンサルタントはかなりのお金持ちでしたが、なんとなく威圧的な感じだったので、まったく威圧感がなく、心から幸せそうに笑うモゲさんに驚きました。

そして、さらに衝撃の気づきが……！

モゲさんに質問する機会があったとき、聞いてみました。

「なんで私は16年間も勉強してきたのに、幸せなお金持ちになれないんですか？」

それに対するモゲさんの答えは一言。

「**幸せなお金持ちに教わっていないからでしょ**」

その瞬間、これまでのがんばりが根底から覆されたような、大きなショックと気づきがありました。

実は私は、自分のモデリング※能力には自信がありました。

うまくいっている人と同じ行動を取れば、同じようにうまくいくということも理解していました。

だからこそ、すごくお金持ちで成功しているコンサルタントに教わっていたのです。それなのに、うまくいかない。

その理由は「**モデリングする対象が間違っていた**」**から**、でした。

確かにお金持ちで成功している人に教わっていましたが、思い返すと、なんとなくしんどそうというか、無理している感じの人だったなと……。

「**前提が間違っていたら、行動もうまくいかない**」という大きな気づきを得たのです。

その初めてのセミナーの翌日。

なんとこれまで3ヶ月間収入ゼロだったのに、あっさりとセミナー代を回収する売上がありました!!

さらには、翌月には初めて150万円の売上、翌々月には300万円超えの売上がありました。

その後も、もちろん継続的に月7桁以上の売上を達成し、出会って1年経たずに月の売上500万円を達成! 最大月商は550万円になりました。

※モデリング
心理学で使われる用語の一つ。対象の人物(モデル)を見本にし、その動作や行動を見て、同じような動作や行動(模倣・マネ)をすることをいい、そのことから学習効果や成長、学びが得られる。

第 4 章

本当に幸せなお金持ちになる習慣

〈貧と金の習慣の違い①〉

貧は、みんなと
仲良くしようとし

金は、どんな人と付き合わないかを
ハッキリ決めている

学校では生徒に「みんなと仲良くしましょう！」と教えますが、そう言う先生たちは、ちっともみんなと仲良くしていません（笑）。

家に帰ると親が「あんな子とは付き合っちゃダメよ！」と言う。

いったいどちらが正しいのか、子どもは迷っちゃいますよね。

私たちは知らず知らずのうちに「みんなと仲良くしなくちゃいけない」と思い込まされていますが、意地悪な人と仲良くすると、あなたまで意地悪な人になってしまいます。

多くの成功者を見ていて共通していることは、**「どんな人と付き合わないかをハッキリ決めている」ということ**です。

なかなか人生がうまくいかない人は、「自分を嫌っている人から好かれる方法」を考えますが、それは自分を疲弊させるだけで、あまり効果はありません。

一人に嫌われたって、心配しなくても、世の中にはあと70億人以上の人がいるのです。

それよりも、**自分を好きでいてくれる人を幸せにすることを考えたほうが何億倍も楽しいし、幸せ**です。

それと、**「誰の話を聞くか」というのも大事**です。

うまくいかない人は、みんなの意見を聞いて、それで結局、自分の意見や気持ちを抑えたり、潰したりしてしまいます。

それでうまくいったとしても、今度は周りからの称賛とともに批判も増えます。

それらを全部鵜呑みにしていたら、どんどん自分の軸がブレてしまい、最後は倒れてしまうのです。

そういう意味では、**メンター選びはとっても大事**です。

ちなみに、僕の今の唯一のメンターは奥さんです。

そういうと、僕の奥さんが「ものすごく優秀な人なんだ」と思われるかもしれませんが、実は「大阪府って何県？」と真顔で聞くような、超天然です（笑）。

それでも奥さんは、僕のことを僕以上に理解してくれているし、パートナーとしてブレることがありません。

奥さんが良きメンターだと家庭円満にもつながって、一石二鳥以上の効果が得られるのです。


【本当に幸せなお金持ちになる習慣①】

みんなに好かれようとするよりも、自分を好きでいてくれる人を大切にする

〈貧と金の習慣の違い②〉

貧は、出来事によって表情を変え
金は、笑顔を絶やさない

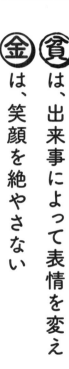

先日、タクシーに乗ったときの運転手さんがとても印象的でした。

話を聞いてみると、「1日働いたら1日休み」というパターンで勤務していて、休みの日はいつもサーフィンをしているそうなのです。

サーフィン歴は30年で、日焼けした肌からくる印象なのか、実年齢の64歳よりも若く見えました。

本業はアパート経営で、タクシーの運転手業は小遣い稼ぎでやっているとのこと。子どもはおらず、奥さんと愛犬と暮らしているので、それだけで十分な収入を得ているとのことでした。

奥さんは専業主婦で（運転手さん曰く、専業主婦というよりも専業テレビ視聴者で、相棒はポテトチップスらしい　笑）、でも旦那さんが休みの日には朝からサーフィンセットをいつもバッチリ用意してくれるそうです。

運転手さんは嬉しそうに「うちの奥さんは、僕には〝サーフィンさえやらせておけば、それで幸せ〟と思っているらしいんですよ」と言いました。

それに対して僕が「え、違うんですか？」と聞くと、

「いや、悔しいですけど、そのとおりです（笑）」とのこと。

サーフィンにはオープンカー（約２０００万円）で行くそうです。

その写真を僕に見せながら、こう話してくれました。

「僕はね、サーフィンとオープンカーと奥さんと犬がいれば、いつも幸せなんです。どれか一つでも欠けたら、僕はいつ死んでもいいと思うぐらいです」

さらに、こんな話もしてくれました。

「アパートももう築20年ぐらいになるので、来年、リフォームしようかと思ったら、タクシー運転手歴25年になるということで、なんと来年から年金をくれるそうなんですよ。なので、それで実質タダでリフォームできるみたいなんです。でね、ここだけの話、僕はなぜか昔から、**お金に困ったことが一度もないんです。**それで周りからも〝なんでそんなにいつもお金回りがいいのか？〟って、よく聞かれるんです」

「その秘密、僕も聞きたいです」

と言うと、運転手さんは

「いつも、こう答えるんです」

と言って、教えてくれました。

「え〜っと、え〜っと、わからない（笑）」

「わからないんかい〜〜！」とツッコミたくなったけれど、たった10分の車中の付き合いにもかかわらず、僕にはその秘密がわかった気がしました。

「だって、運転手さん、**いつも笑ってる♪**」

【本当に幸せなお金持ちになる習慣②】

いつも笑顔の人に、不幸な人はいない

〈貧と金の習慣の違い③〉

貧は、何かを我慢したり犠牲にしたりして、何かを得ようとし

金は、ただ楽しいことやしたいことに集中する

ある、２人の男性の会話です。

Ａ：タバコを吸ってもよろしいですか？

Ｂ：どうぞ。ところで1日に何本くらいお吸いに？

Ａ：２箱くらいですね。

Ｂ：喫煙年数はどれくらいですか？

Ａ：30年くらいですね。

Ｂ：なるほど。あそこにベンツが停まってますね。

Ａ：停まってますね。

Ｂ：もしあなたがタバコを吸わなければ、あれくらい買えたんですよ。

Ａ：あれは私のベンツですけど。

Ｂ：……。

これはある小噺《こばなし》を引用したものですが、実際にこういうことってよくあると思います。

タバコは「百害あって一利なし」といわれるくらい健康には良くないうえに、年々タバコ代も上がっています。

そんな無駄なことにお金を使うくらいなら、そのぶんを貯めれば高級車が買えるというのも正論です。

でも実際は、タバコを吸っていても健康な人はいるし、高級車に乗りながらタバコを吸っている人もたくさんいます。

「○○を手に入れるためには、△△をやめなきゃ」

とか、

「○○のためには、□□を我慢しないとダメだ」

といった発想は、ストレスを解消するために新たなストレスを生みかねません。

それよりも、**やりたいことや好きなことを習慣化していれば、自ずと不必要なものは淘汰されていきます。**

やめたり我慢したりすることに力を割くよりも、やりたいことや好きなことに全

力を出したほうが、生産性は比べものにならないぐらい上がるのです。

【本当に幸せなお金持ちになる習慣③】

「自分も周りも楽しいこと」が習慣化すれば、イヤでもいつも豊かさと幸せに囲まれる

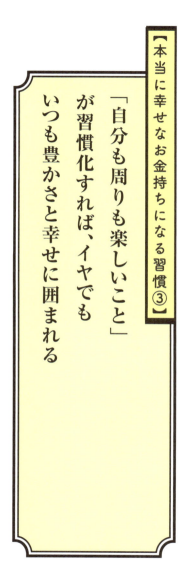

〈貧と金の習慣の違い④〉

貧は、来たものはなんでも受け取り

金は、自分に必要なものだけを受け取る

ある本で読んだのですが、**収入が高い人ほど、「自分のことが大好き」で、「幸せを感じやすい」**のだそうです。

では**収入が低い人**はどうかというと、

「傷つきやすい」という傾向があるんだとか。

傷ついたうえにお金までもらえないなんて、絶対にイヤですよね（笑）。

では、傷つかないためにはどうすればいいのでしょうか。

基本的に人は、自分自身が「問題だ」と思っていることを、相手にも当てはめようとします。

たとえば「働かない人はだらしない」と思っている人は、ニートの人に対して、

「ちゃんと外に出て働かないと、だらしない人間になるよ」

と言います。

それで、もしあなたがニートだとしても、

「だらしない人間だ」

と言われたからといって、傷ついてはダメなんです。

「なるほど、この人は外で働かない人は、だらしない人間だと思ってるんだ。それなら、専業主婦はどうなるんだ？　専業主婦に謝れ！」

と思っていたら、別に傷つくことなんてないですよね。


悪口や批判というのは、自分が受け取らなければ、送り主に戻されます。

だから、居留守でもなんでもいいから、**受け取らなければいいだけ**なのです。

そうすると、送り主に返却されるのですから（笑）。


頼んでもいない荷物が送られてきて、あなたが貧乏になるなんて、絶対におかしい！

なので、今日からあなたの郵便受けには、

「**高収入になる荷物専用**」って書いておくといいですね（笑）。

【本当に幸せなお金持ちになる習慣④】

自分に不必要なものは受け取りを拒否し、自分を幸せにするものだけを都合良く受け取る

〈㊋と㊎の習慣の違い⑤〉

貧は、明日の仕事を考えると憂鬱になり
金は、明日の仕事を考えるとワクワクする

「ワクワクすることを仕事にすると成功する」

といわれています。

でも、多くの人が**「ワクワクしている」のに、成功していません。**

それはなぜでしょうか？

簡単に言えば、**「心の底からワクワクしているかどうか」であり、その「ワクワクを信じているかどうか」が問題**なのです。

たとえば〝よく当たる！〟と話題の占い師に、

「あなたは明日、運命の出会いがあります。でも、第一印象が悪ければ、その幸運を逃してしまいます」

と言われたとします。

さて、どうしますか？

あなたはきっと、「どんな人と出会うんだろう」とワクワクし、「服装や髪型をどうしよう」とか、「言葉遣いには気をつけよう」とか「優しく接しよう」と思うはずだし、実際にそういう行動をするでしょう。

普段から服装や髪型は気にしたほうがいいし、正しい言葉遣いや、人に優しくするのがいいことだとはわかっていても、なかなかできません。

しかし、「明日、運命の人と出会う」となると、それができるものです。

それはやはり、信じているからです。


幸せな成功を続けられる人は、すべての出会いに意味があることを信じているのです。

だから、普段から服装や髪型、言葉遣いもちゃんとしているし、いつでも、誰に対しても優しく接しています。

さらに言えば、**それが習慣であり、当たり前になっている**のです。


ワクワクしているのに成功していない人に限って、仕事に役立つ本を読まず、「どうすれば成功や幸せを引き寄せられるか」といった本ばかり読んでいます。

でも、**本当に成功している人は、自分が幸運を引き寄せられることを信じている**

から、必ず引き寄せたあとのことを考えています。

だから、それに備えてビジネスの勉強をしたり、それに役立ちそうな本を普段から読んだりしているのです。

結局、自分の未来の幸福や成功を信じられない人も、信じている人も、同じように心の中にあるものが引き寄せられてくるんですよね。

【本当に幸せなお金持ちになる習慣⑤】

自分の未来の幸福や成功を信じて、そのときの自分に役立つことを習慣化する

〈㊢と㊎の習慣の違い⑥〉

出された食事が残ると、
貧は「残すのはもったいない」
と言って食べ
金は「無理して食べることはない」
と言ってそのまま残す

僕はディナー会をするとき、必ず一流のレストランを選ぶようにしています。そのほうが料理も美味しいし、一流の場やサービスを学ぶこともできます。

でも、**出された料理を僕はほとんど食べません。**

というか、話に夢中になって、あまり食べられないのです（笑）。

それを見ていた参加者さんからよく、

「もったいなくないですか？」

と聞かれます。

確かに、食べものを残すのはもったいないことかもしれないけれど、その場の僕にとっては、**みんなとする会話のほうに価値がある**のです。

だから、食べものを残しても、あまりもったいないとは思わない。

それよりも、たくさんお金をかけて、美味しいもの（内容は脂肪と糖）をたくさん食べて太っておきながら、さらにお金をたくさんかけて痩せようとするのって、もったいなくないのかなぁと思う（笑）。

世間では、「食べものを残すのはもったいない」とか「好き嫌いをしてはダメ」

というのが常識のようにいわれていますが、僕は昔からそのことに疑問を感じていました。

僕は子どもの頃、年に一回、お正月のときにしか服を買ってもらえないような貧しい環境で育ちました。

そんな貧乏な家庭でも、両親からは「出されたものを無理して全部食べなくていいよ」というふうに教えられてきたのです。

そのせいもあってか、僕は小さい頃から食べものの好き嫌いが多く、小学校のときは給食を全部食べ終えるまで、お昼休みも一人だけ教室に残されるような子どもでした（それでも結局、食べませんでしたが　笑）。

大人になった今でも食べものの好き嫌いはありますが、そのことで困ったことは一度もありません。

だから、食べものを残すことをちっとも、もったいないとは思わないんです。

それよりも、自分が持って生まれた才能を使わないほうが、よっぽどもったいないです。

「食べものを粗末にしてはいけない」と思う以上に、

「自分の才能を粗末にしてはいけない」と肝に命じましょう。

そうすれば、自ずと幸せも成功も、手に入れることができます。

【本当に幸せなお金持ちになる習慣⑥】

食べ物を粗末にしないことよりも、

才能を粗末にしないことを心がける

〈㊊と㊎の習慣の違い⑦〉

㊊は、人間関係にストレスを感じ
㊎は、ストレスを感じる人間関係から卒業する

「人間関係にストレスはつきもの」と思っている人は多いと思います。

でも、**人間関係のストレスは、なくすことができる**のです。

どうするかというと、

「問題のある人間関係から卒業する」

という習慣を身に付ければいいのです。


僕は、人間には「いい人」と「悪い人」がいるのではなく、一人の人間の中に「いい部分」と「悪い部分」があると思っています。

だから、自分の「悪い部分」を引き出す人間関係からは一刻も早く卒業する、抜け出せばいいのです。

そうして卒業すると、あとは「いい部分」を引き出す人間関係だけになります。

そうなると、すごくラクです。

だって、あなたを悪く言う人はいなくなるのですから。

悪く言う人がいなくなるということは、心がスッキリして、自分に自信が持て、イヤでも自分が好きになれるということです。

そう言うと、中には、

「そんなこと言っても、会社とかの人間関係は抜け出せないし……」

という方もいると思います。

その人間関係から卒業できない、抜け出せないというときは、「まだ、そこの学びが終わってない」ということなので、せっかくの機会だから十分に学んで成長しちゃってください。

「卒業したり、抜け出したりはできるけれど、それは現実逃避になるのではないか？」と心配される方もいると思います。それも大丈夫です。

現実逃避になった場合は、必ずまた同じ問題が出てくるので、そのときにちゃんと学べばいいだけですから。

だから、逃げられるときはジャンジャン逃げておきましょう（笑）。

大変な人ほど、抱え込まなくていい問題を一人で抱えて苦しんでいたりします。

中にはそれで、周りの人に当たったりする人もいます（苦笑）。

その悩みは本当に、あなたが背負うべきものですか？

勝手に自分が背負い込んでいませんか？

あなたのいい部分を引き出してくれる人は、世の中にたくさんいます。

今後はそのグループとだけ付き合っていけたら、毎日がすごく楽しくなりますよ。

【本当に幸せなお金持ちになる習慣⑦】

「悪い部分」を引き出す人からは離れ、「いい部分」を引き出す人と付き合う

〈貧と金の習慣の違い⑧〉

貧は、相手の好みの自分になろうとし

金は、自分を好んでくれる人と付き合う

「習慣を変える」というと、何か特別な習慣を身に付けないといけないように思いますが、**そのままの自分、ありのままの自分を習慣にしたほうがうまくいく**こともあります。

特に人間関係は、相手によって自分を変えるのではなく、自然体の自分と付き合える人と一緒にいたほうが絶対にラクで、楽しいです。

よく、「私、どうでもいい人にはモテるけれど、大好きな人には全然モテない」という話を聞きます。

こういう人は、自然体の自分は素晴らしく魅力的なのに、大好きな人を前にすると自然体でいられず、〝相手の好み〟になろうとするのです。

たとえば、大好きな女性が木村拓哉《きむらたくや》さんのファンだとします。

その女性に気に入られるために、キムタクヘアーにし、サーフボードを持って、

「ちょ、待てよ」

と、まったく似ていないキムタクのモノマネを会うたびに連呼すると、どうなる

でしょうか？

もうおわかりだと思いますが、そんなことをしたら大好きな人にモテるどころか、「キモい」

の一言で終わってしまいます（笑）。


モテる人の習慣を身に付けることも、有効な手段の一つかもしれませんが、そのことで自分が自然体でいられないのだとしたら、本末転倒です。

相手の好みに合わせることで、好きな人と付き合えるようになり、晴れて結婚することができたとしても、ずっと本当の自分を偽りながら結婚生活を送るのは疲れます。

それに、ずっと一緒にいれば、必ず素顔を見せることになります。

素顔の、ありのままの姿を受け入れられない相手と長い結婚生活を送るのは、絶対に無理です。


だから、**あなたはあなたらしく生きればいい。**

あなたがあなたらしく生きてフラれるということは、もっとあなたにふさわしい、ステキな人がいるということです。

大丈夫。

男も女も、この世界には35億人はいるんですから（笑）。

【本当に幸せなお金持ちになる習慣⑧】

いつも自分が自然体で付き合える、そんな相手を見つける

〈貧と金の習慣の違い⑨〉

貧は「私は何をやれば成功しますか？」と問い

金は「私は今日から何を習慣にすれば成功しますか？」と問う

どんな質問をするかって、ものすごく大事です。
質問の仕方やその内容で、その人が成功するかどうかが、だいたいわかります。
たとえば、よく聞かれる質問がこれです。

「私は何をやれば成功しますか？」

一見、特に問題ないように思えるかもしれませんが、**この質問をして成功した人を、僕はあまり見たことがありません。**
では、成功しやすい人がどんな質問をするかというと、こんな感じです。

「私は今日から何を〝習慣〟にすれば成功しますか？」

何かを習得しようとしたら、それには時間がかかるのは当たり前です。
それはビジネスでも、ダイエットでも同じで、一度何かをやったからといって、それだけでうまくいくものではありません。

そこで、**何を習慣化するかが、すごく大事になってくる**のです。

僕はいつも一流ホテルに滞在していますが、高級なホテルほど、早朝のジムやプールは混雑しています。

だいたい朝の6時半にはもう混んでいて、こういうところに来るセレブやエグゼクティブの人たちは、朝から体を目いっぱい動かして、その後、エネルギー全開で仕事に臨むのだと思います。

だから、朝からため息をついているような暗い人は、まったくいません。

お金持ちや仕事ができる人ほど、時間をとても大事にします。

そんな人たちの習慣には、必ず深い意味があるのです。

ですから、**それをマネして自分の習慣にするのはとても効率の良い〝成功法〟**だと言えます。

お金持ちが絶対にしないようなことをしながら「成功したい」と言っているのは、東京から大阪に行きたいのに、東北新幹線に乗るようなものです。

それでは、どんなにがんばっても、目的地には着きません。
道はやはり、その道を知っている人に聞くのがいちばんです。
同じように道に迷っている人に聞いたり、その人のあとをついて行ったりしたら、同じように迷ってしまうだけなんですよね。

【本当に幸せなお金持ちになる習慣⑨】

才能には二つのパターンがある。
一つは生まれ持ってきた才能、
もう一つは習慣として身に付けた才能だ

〈㊎と㊎の習慣の違い⑩〉

㊎は、がんばればなんとかなると
精神論になり
㊎は、一流のプロに相談して
すぐに実行する

以前、宿泊先のホテルにあるジムに行ったときの話です。

初対面のトレーナーさんに、2ヶ月後のハワイ旅行に向けて体を少し絞りたいと伝えたら、胸筋をつけるためにベンチプレスを勧められました。

そこで、1年ぐらいはジムに通っていること、ベンチプレスはずっと47・5キロで、先週やっと52・5キロを挙げられるようになったばかりであることを伝えたのです。

すると、そのトレーナーさんが、

「じゃあ、今日は60キロ挙げちゃいましょう♪」

と気軽に言うではありませんか！

「この人、ちゃんと話を聞いてるのかな？」と、内心では心配になりながらも、トレーナーさんからフォームの細かいところやメンタルのあり方など、3分ぐらいの講習を受けてバーベルを挙げてみると、あら不思議！　あっさり60キロをクリアー！

驚きを隠せずにいる僕に対して、トレーナーさんは（ドヤ顔で）、

「森瀬さんの体つきぐらいだと、ジムに通っていれば2ヶ月でほとんどの方は60キロを挙げられます。ただし、がんばるだけではダメです。

筋トレというのはフォーム（やり方）とメンタル（心のあり方）の両方が大事ですから」

とのこと。

実際、このトレーナーさんはすごいと思います。

今まで1年ぐらい、いろいろなトレーナーさんに指導を受けてきましたが、これほど的確な指導をされたのは初めてでした。

このことで、僕は改めて成果を出すために必要なことを再認識しました。

ビジネスも、筋トレとほとんど同じです。

フォーム（やり方）とメンタル（心のあり方）の両方が大事なのです。

それなのに、うまくいかない人は「がんばればなんとかなる」と、精神論でなんとかしようとするのです。

そもそも、がんばれば成功するのでしたら、世の中のほとんどの人が成功しているはずなのですが、なぜかそこに気づきません。

だから、**自分がうまくいっていないのだとしたら、まず、現実から逃げずに自分と正面から向き合い、自分のフォーム（やり方）とメンタル（心のあり方）を見直してみましょう。**

そして、自分ではわからないことがあるのなら、**プロに聞く。**

そのプロも誰でもいいというわけではなく、自分にも、指導でも、ちゃんと成果が出せている人を選ばないとダメです。

【本当に幸せなお金持ちになる習慣⑩】

うまくいかないときは、フォーム（やり方）とメンタル（心のあり方）の両面から見直す

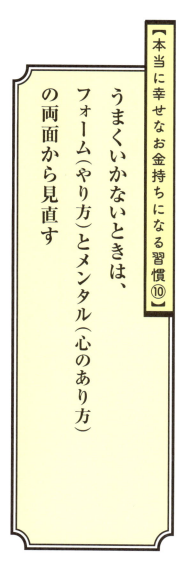

すごい！お金持ちMOGEコラム④

僕を変えた習慣

海の水を手のひらにすくうことは誰にでも簡単にできますが、その水を手のひらに溜めておくことは難しいものです。

それと同じで、お金を儲けることはできても、儲け続けることは簡単にできません。

そのためにもやはり、儲ける習慣を身に付けることが重要です。

僕自身も、**常に3つのことを習慣にする**よう気をつけています。

この3つは、いわば「幸せなお金持ちの掟」です。

①人のせいにしない
②どんなことがあってもご機嫌
③楽感《らっかん》大学に入学する

①の**「人のせいにしない」**は、**自分に起こることにはすべて意味があることを知り、それを学びに変えていくということ**です。

起きた出来事をすべて「自己責任」ととらえれば、何があっても落ち込んだりしないいし、ガッカリすることもありません。

起きた出来事を人のせいにする人は、幸せや成功を相手に委ねていることになります。それではいつまで経っても、自分自身の幸せも成功もつかむことはできないのです。

他人を変えることはできません。変えることができるのは自分だけ。

自分に起きる出来事を人のせいにせず、100パーセント自己責任でとらえれば、幸せも成功も100パーセント自分でコントロールすることができるのです。

②の**「どんなことがあってもご機嫌」**は「人のせいにしない」と同義です。相手の機嫌に自分が左右されると、幸せや成功も左右されることになってしまいます。

機嫌は〝香水〟のように、相手にうつります。不機嫌な人と一緒にいると、いつの間にか自分にもその不機嫌がうつってしまうんです。

そうならないためにも、「どんなことがあってもご機嫌」でいれば、逆に相手をご機嫌にすることができ、好かれて感謝されます。

いい香水は、いい男や、いい女を引き寄せます。

でも、悪い臭いは悪いものしか引き寄せません。

香り高くキレイな花にはキレイな蝶が集まり、〝う○こ〟にはハエが集まるのと同じ原理です（笑）。

③の**「楽感大学に入学する」**はちょっと、説明が必要です。

これは**「幸せなお金持ちの4要素」**と言えるもので、4つの言葉を表しています。

〝楽〟は**「楽しい」**で、いつも楽しくいる、起きた出来事を楽しむということです。

〝感〟は**「感謝する」**。感謝の心をいつも持つようにしましょう。

〝大〟は**「大切にする」**。大事な人を大切にする。身近な人だと、ついつい疎かになりがちなことです。

そして**〝学〟**は**「学ぶ」**。常に学び続ける姿勢でいれば、どんな困難が起きても、そこから必ず成長することができます。

結局のところ、**習慣が人間をつくる**のです。

良い習慣は健康を維持し、人間関係や経済も良好にします。

間違った習慣は病気を招いたり、不幸や貧困につながったりします。

そういう視点で見ると、病気や不幸や貧困というのも、「その習慣は間違っていますよ」というサインなのかもしれません。

一度習慣化したものを変えるのはかなり難しいものです。

なぜかというと、習慣にしていることをするのは安心ですが、それを変えるとなると不安になるからです。


僕にも経験があります。ビジネスで順調に売上は伸びていたものの、なぜか仕事に行き詰まりを感じている時期がありました。

そのとき、何人かのお金持ちの知り合いから、同じ指摘を受けたのです。

それは、「今の顧客を全員、切りなさい」でした。

実は、そのお金持ちの方たち以外からも、同じことをこれまでも言われていたのです。それが誰かというと、いわゆる **〝天からの声〟** です。

これまでも、その声に従っているとなぜかうまくいくのですが、さすがに顧客全員を切ることはできませんでした。

だって、今のお客さんを全員切ったら、収入はゼロになってしまいます。

特にそのとき、僕の奥さんは妊娠していたので仕事をしていませんでした。

まさに、すべての収入源を捨てることを意味する言葉だったのです。

でも結果的に、僕はそのお金持ちの知り合いの方たちの意見と、天の声に従い、これまでの顧客を全員、切りました。

それでどうなったかというと、切ったぶんだけ新規のお客さんを獲得することができ、さらには今まで以上の売上を達成することができたのです。

他の動物と違い、人間はいつからでも習慣や生き方を変えることで、自分自身を変えることができるのです。

お金持ちチェンジ！
体験談④

私を変えたモゲさんの言葉

N・Uさん
（ノマド女子クリエイター）

モゲさんと出会う前の私は、とにかくお金に縁がない生活をしていました。

やりたいことは後先を考えずにやるタイプだったので、好きなことを仕事にはできていたのですが、「その代償に、お金のない生活を送らなければいけない」と考えていたように思います。

すごくがんばっているはずなのに、まったくお金が増えないどころか、下手したら借金まで作る始末で、最悪のときには、急な出費が必要になり、友達との海外旅行を3日前にドタキャンしてしまったこともありました。

モゲさんと出会ったときは、当時勤めていた会社をとにかく辞めたくて、どうやったら辞められるかということを聞きに行ったはずだったのに、なぜかパートナーシップのことばかり指摘されました（笑）。

自分ではそこは悩みがない（というか興味がなかったのでしょう）と思っていたので、「なんでビジネスの話を聞きに来ているのに、パートナーシップの話になってしまうんだろう……」と思っていましたが、解決すべき大本の課題はそこにあったのです。

長期グループ講座を受けてから、旦那さんとの関係が劇的に改善し、勝手に私が貧乏だと決めつけていた旦那さんが、世界一生活費が高いといわれるイギリスでの生活費を全額持ってくれたおかげでイギリス移住ができたり、まさかの家を買ったりすることもできました。


その後、私自身が月商7桁を継続的に稼げるようになり、現在は妊娠7ヶ月でありながら、自由に旅して自由に働き、多くの女性に「結婚、妊娠などライフステージが変わっても、自由にバリバリ稼いでいい！」と希望を与えています！

モゲさんには、本当に多くのことを教わりました。

その中でもやはり「**〝幸せなお金持ち〟としてのあり方**」を教わったことがいちばん大きいと思っています。

「幸せなお金持ち」の考え方は普通の人とまったく違います。

そしてこの違いが、本当にめちゃくちゃ大事なのです。

ちょっとの違いと、それを受け入れる勇気なのですが「このマインドがなかったら、今頃すごく苦しんでいただろうなぁ」と思うことが多々あります。

仕事に対するとらえ方や、お金に対する考え方、失敗と成功のとらえ方、困難に思えることがあったときの考え方、パートナーとの関係など、モゲさんに「幸せなお金持ちのあり方」を教えていただいたおかげで、生きるのも稼ぐのも、本当に本当〜〜に、ものすごくラクになりました!!

念願の月商7桁をキープでき、以前よりずっと時間の余裕もある今の生活は、私にとっては夢のような状態です。

先日も、ある気づきがありました。

それは自分が「**お金は使ってもなくならない**」**という感覚**になっていたことです。

昔、人からこれを聞いたときは、その感覚がまったく想像できなかったのです。

ですが、先日ふと、ごく自然に「お金は使ってもなくならない」、足りないように思えても「そのうち入ってくるから大丈夫」と思えるようになっていました。

これは、**モゲさんに教わった「幸せなお金持ちとしてのあり方」が習慣化し、完全に自分のものになったから**だと思うのです。

あのときまったく理解できなかった世界に足を踏み入れることができて、今は夢のような気分です!!

本当に、モゲさんには感謝しかありません!!

おわりに

最後までお読みいただき、本当にありがとうございます。

本文中にも書きましたが、**幸せなお金持ちになるためにもっとも重要なのは〝愛〟です。**

あなたの中にある愛を発揮することで、周りから愛されて幸せになります。

あなたの中にある愛を発揮することで、お金の流れがわかり、それを手にすることができます。

この世の中に愛を持っていない人はいません。

そして、この世は愛を学ぶための場であり、そのために私たちは万物の霊長として生まれてきたのです。

僕の家は貧しく、幼い頃は、お正月のときにしか服を買ってもらえませんでした。

父は船乗りだったのでほとんど家にいず、誕生日を一緒に祝ってもらった記憶もほとんどありません。

もちろん、プレゼントなんてもらったこともなかったし、クリスマスでも「我が家には煙突がないので、サンタクロースが来られないから、しょうがない」と笑い飛ばされていました。

でも、そのことで自分が不幸せだと思ったことは一度もありません。

それは、常に母が僕に愛を注いでくれたからだと思います。

母は僕が小さい頃、家でまったく儲からない、小さな商店をやっていました。

僕は一度「どうして、あんなに儲からないのに家でお店なんかやっていたの？」と聞いたことがあります。

すると、母は笑ってこう言いました。

「うちはお父さんがほとんど家にいないし、貧乏だからといって私まで外に働きに行ったら、あなたたちが家に帰ってきたときに、誰もいなくて寂しくなるでしょ。

だから、いつも、子どもたちが帰ってきたときに『おかえり』と言えるように、家の玄関を改装してお店をやっていたの。

お父さんが家にほとんどいなくて家が貧乏でも、いつも笑っていたらどうにかなるし、私は自分の子どもを絶対に悲しませないと決めていたからね」

3人兄弟の末っ子の僕が高校生になると、母はお店をあっさり閉めて、外にパートとして働きに出ました。

仕事から帰ってきた母は、

「パートの仕事がこんなにラクだとは知らなかった。定時に帰れるし、ちゃんとお給料ももらえるし……」

と言って、笑っていました。

僕が「幸せなお金持ち」になれたのは、母が愛情を注ぎ続けてくれたおかげです。

本当に感謝しています。

でもこれは、僕が特別に愛されていたから成功したということではありません。

なぜなら、**誰からもまったく愛されずに生まれて育った人は、一人もいないから**です。

大切なのは、

「自分は誰かに愛され、そして誰かを愛するために生まれてきた」

ということに気づくことなのです。

それができたらあなたは間違いなく、幸せなお金持ちになれます。

最後になりましたが、この本で得られる著者の収益はすべて、新型コロナウイルス被害への支援等に使わせていただきます。

あなたがますます成幸しますように。

令和二年五月吉日
森瀬　繁智

森瀬 繁智（もりせ・しげとも）

愛称・モゲさん。

お金の気持ちと成幸のコンサルタント。一般社団法人お金の気持ち研究所代表理事。株式会社 WaLife 代表取締役。

5歳のとき事故で脳を負傷したが奇跡的に助かり、それから性格がめちゃくちゃ明るくなる。長崎と東京のデュアルライフを満喫、旅費だけで年間2000万円超えのハーフリタイヤ生活を送る。個別セッションは「1回の受講で人生20年分を飛び越える効果が出る」と話題。クライアントの長年の思い込み（ブロック）を笑いで一刀両断。そのアドバイスは予想のはるか斜め上から飛んでくると言われる。月商7桁、8桁超えのクライアントを多数輩出中。海外セミナー（ドバイ、ハワイ、ラスベガス、香港、マカオ、シンガポール、バリなど）も大盛況。

著書に『お金持ちスイッチ、押しちゃう？』『LOVE&MONEY』（ともにマキノ出版）がある。

オンラインサロン	https://モゲ.com/onlinesalon-soy/
ホームページ	https://モゲ.com
ブログ	https://ameblo.jp/office-kansha/
Instagram	https://www.instagram.com/moge_walife/
Twitter	https://twitter.com/officekansha/
LINE@	@tzp8410s

ブックデザイン……小栗山 雄司
本文 DTP……………株式会社アイ・ハブ
校正……………………株式会社鷗来堂
協力……………………中谷さや、スパーク、山本芽生、直美ユーケー
構成……………………竹下 祐治

すごい!お金持《かねも》ちチェンジ

2020年7月2日　初版発行

著　者　森瀬《もりせ》 繁智《しげとも》

発行者　青柳 昌行

発　行　株式会社KADOKAWA
〒102-8177　東京都千代田区富士見2-13-3
電話 0570-002-301(ナビダイヤル)

印刷所　株式会社暁印刷

●お問い合わせ
https://www.kadokawa.co.jp/(「お問い合わせ」へお進みください)
※内容によっては、お答えできない場合があります。
※サポートは日本国内のみとさせていただきます。
※Japanese text only

定価はカバーに表示してあります。

ISBN 978-4-04-604899-8 C0030